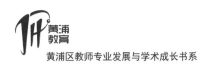

黄浦区教师专业发展与学术成长书系

跨学科视角下
高中生物学
项目化学习设计与实践

詹琪芳　著

上海教育出版社
SHANGHAI EDUCATIONAL
PUBLISHING HOUSE

序　言

　　课堂教学是教育工作者关注的永恒话题,而学科课堂教学又是学科教师最主要的工作场景。学科课堂教学如何反映出学科的特点,如何承载起学科育人的重任,教师如何应对新形势下对教育变革的要求? 这些都是摆在每一位教师面前的必须逾越的难题。

　　高中生物学课程,是科学领域的重要学科课程之一,是义务教育阶段相关课程的延续和拓展,其精要是展示生物学的基本内容,反映自然科学的本质。

　　在新课程、新教材实施的进程中,课程标准为我们提出了新的要求。高中生物学课程,既要让学生获得基础的生物学知识,又要让学生领悟生物学家在研究过程中所持有的观点以及解决问题的思路和方法。生物学课程要求学生主动地参与学习,在亲历提出问题、获取信息、寻找证据、检验假设、发现规律等过程中习得生物学知识,养成科学思维的习惯,形成积极的科学态度,发展终身学习及创新实践能力。生物学课程,是以提高学生生物学学科核心素养为宗旨的学科课程,是树立社会主义核心价值观、落实立德树人根本任务的重要载体。

　　未来生活中的寻常场景——真实情境中的问题解决,通常具有复杂性,很难通过单一学科的知识、方法、观念解决。而跨学科视角、项目化学习,无疑为学生核心素养培养提供了有效途径。

　　詹琪芳老师的《跨学科视角下高中生物学项目化学习设计与实践》一书,是对阶段性研究的一个总结。本研究通过文献研究法、问卷调查法、行动研究法、经验总结法实施,在深厚的理论基础之上,更重视实践中的价值。立足于学科课程标准和具体教学实际,通过调研分析,探索并整理出"高中生物学跨学科项目化学习设计策略"。尤其值得称道的是,该书中呈现了跨学科视角下高中生物学项目化学习的课外教学实践案例 3 个,课内实践案例 9 个,充分体现出教师在落实学科教学内容的过程中,关注不同内容的特点,从教师自己的特色和学生的需求出发,积极探索和尝试将理念"落地"。

课内案例主要是对原有教学内容的优化和提升,无论是"分子与细胞"板块的"细胞质膜透性的模拟实验""叶绿体色素的提取分离及叶绿素含量的测定""探究不同供氧环境下酵母的呼吸方式","遗传与进化"板块的"模拟植物花色性状分离""TI 图形计算器辅助的孟德尔分离定律",还是"稳态与调节"板块的"建构血糖平衡的调节模拟模型","生物与环境"板块的"探究培养液中酵母种群数量的变化规律""植物物种多样性的调查",以及"生物技术与工程"板块的"基因工程——限制酶",均在学生生命观念、科学思维、科学探究、社会责任素养的提升方面向前迈进了一步。课外案例的 3 个项目,更是调动了各方资源,融合了多视角解决问题的理念,使学有余力的学生可以在更广阔的空间徜徉。

在一个个鲜活项目的完成过程中,从"发现"的好奇,到"探究"的专注,再到"体验"的升华,每一个环节都细致入微。翔实的过程性评价手册里,记录着学生个人和群体成长的足印,最终将为学生多元绽放开辟通道。

本书中,詹老师为我们推开了学科间的无形的门,也为积极探索的同行提供了切实可行的实践之路。在精心设计的跨学科项目驱动下,在真实、复杂的情境中,学生探索的热情能够被点燃,这将更好地引导他们在解决真实世界问题的旅程中,成长为全面发展的人。

周韧刚

2025.5.31

[作者系上海市教师教育学院(上海市教育委员会教学研究室)生物学学科教研员,中国教育学会生物学教学专业委员会常务理事、上海市教育学会生物教学专业委员会秘书长、上海市植物学会理事、上海市动物学会理事、上海市生命科学学科德育研究实训基地导师]

目录

前　言

　　时光仿佛又回到了 2016 年的那个夏天,彼时的我已经从事生物学教学工作整 10 年。这期间,我经历了上海市的二期课改,经历了普通高中新的课程标准的实施推广,也经历了上海学业水平考试从"3＋1"到"3＋3"的变革,对于日常的教学工作已然得心应手。本以为就这样按部就班开展教学工作是常态,但偶然间参加卢湾高级中学 BC 国际部的一次交流活动打破了我自以为的"舒适圈",我萌生了采用项目化学习的方式开展教学的冲动,这种教学模式对于当时的我而言,无疑是新颖且有冲击力的。作为一名长期工作在一线的教师,我十分渴望通过教研一体的模式来改进目前高中生物学教学的效果。经过阅读大量的文献,我对"跨学科""项目化学习"等有了详细的了解,并尝试在国家基础课程和校本特色课程中开展实践,最终以此申报了上海市黄浦区 2019 年的区级科研课题,前后历经 7 年实践,形成了若干课例与课程,成果获得了黄浦区第十四届教育科研成果一等奖,并作为黄浦区 2024 年度优秀教育科研成果推广应用。本书就是在课题论文的基础上修改、完善、补充而成的。

　　近年来,项目化学习的教育价值逐渐得到科学教育研究领域的认可。2020年 9 月,上海市教育委员会印发了《上海市义务教育项目化学习三年行动计划(2020—2022 年)》,由市级教育科研部门牵头,教研、师训等部门联合开展专业指导,以学校活动项目、学科项目、跨学科项目为主要载体,将若干个整体实验区、100 所左右项目化学习实验校组成实践研究共同体,探索项目化学习教与学的新样态。2023 年 8 月,上海市教育委员会印发《上海市教育委员会关于实施项目化学习　推动义务教育育人方式改革的指导意见》,要求在义务教育阶段全面启动实施项目化学习,到 2026 年,基本形成教与学的新样态。随着《普通高中生物学课程标准(2017年版2020年修订)》的实施推广,沪科版高中《生物学》新教材的逐步推行,生物学学科核心素养的育人价值日益得到重视。为使学科核心素养真正落地,进一步满足课程改革需要,上海市教委及各区教育局组织了各种形式的培训,鼓励教师采取项目化学习等手段落实立德树人的根本任务,发展素质教育。但在实际操作中,广大一线教师对如何开展跨学科的项目化学习普遍感到迷茫。具体表现在:(1)不知如何创设项目化学习的情境,不能做到"以学科大概念为核心,使课程内容结构化,以主题为引领,使课程内容情境化";(2)缺少实施项目化学习的基本路径和方法,不能"结合学生年龄特点和学科特征,让学生积极参与动手和动脑的活动,加深对生物学概念的理解,提升应用知识的能力";(3)缺乏对案例进一步改进优化的策略,出现"会用不会改"的尴尬局面,导致学生核心素养的发展受到影响。

通过梳理文献,我发现了如下问题:(1)国内外对项目化学习的研究案例数量虽多,但项目是怎么来的,为什么设置这样的情境,如何从现有资源中挖掘素材进行设计,这些确定主题和创设情境的问题鲜少涉及。有些案例的情境创设与项目内容匹配度不高,还有些案例的情境创设过于复杂,针对性不强。(2)文献中大多数案例是关于过程的描述,介绍教师本人是怎么做的,但为什么这样做,在什么情况下需要这样做,这些问题在文献中未见说明,没有普适的路径与方法,教师难以迁移应用。(3)案例较少提及改进或优化的策略和建议。多数文献介绍一个案例后就结束了,迭代更新的策略鲜少提及,或有提及,却往往以反思小结的形式出现,对措施和方式的介绍不详细、不具体,这就使后续的项目内容逐渐失去了源源不断升级的活力。

上述问题在随后对上海市165位高中生物学教师进行的问卷调查中得到了印证。分析这些问题存在的原因如下:(1)教师虽有认知但能力欠佳。有些教师对项目化学习重视且有一定认知,但不清楚其与传统的教学方式相比,与核心素养的联系具体体现在哪里。有些教师认为自身水平有限,不会设计指向核心素养的项目化学习活动。(2)教师缺少具体的路径和策略。多数教师认为缺乏高度契合本校实施情况的案例使得项目化学习上手难,还有些教师表示由于路径与策略的缺少而无法领悟项目化学习的要素,实施起来不得要领。(3)由于缺乏有针对性的培训、专家的引领和有经验教师的指导,教师不敢尝试迭代更新项目,导致情境等不能与时俱进,问题逐渐失去驱动性。

　　这些成为开展项目化学习难以逾越的屏障，成为学生核心素养发展的阻碍。针对上述问题，本研究从跨学科的视角出发，在教学实践中与多学科教师联手打破学科壁垒，以真实情境为依托，设计并实施了 3 个课外案例与 10 个课内项目化学习课例(本书收录其中 9 个)，从中提炼出基于生物学的跨学科项目化学习的设计方法、实施路径和迭代策略，为广大一线教师提供借鉴和启发。

唐煜明

2024 年 8 月

第一章

绪论

第一节 跨学科视角下项目化学习的研究背景

一、"21 世纪素养"受到国际教育界的重视

当今竞争激烈、全球互联、技术密集的世界对人才培养提出了新的挑战。各国之间已从表层的生产力水平竞争转化为深层的以人才为中心的竞争。[①] 培养学生 21 世纪能力(从现有的文献来看,选择哪一个词汇,还存在使用习惯的问题,所以"21 世纪能力"也被称为"21 世纪素养"[②]),提升公民素养,已成为世界各组织和国家教育发展的共同主题,大家纷纷制定发展框架以加快促进公民素养的提升。

经济合作与发展组织(OECD)于 1997 年开始启动 21 世纪核心素养框架的研制工作。经多方研讨和论证,其报告《素养的界定与遴选:理论与概念基础》(Definition and Selection of Competencies:Theoretical and Conceptual Foundations,简称:DeSeCo)于 2003 年形成最终版,并于 2005 年公布在其官方网站上。该框架从社会心理学角度选择核心素养并定义其具体内容,以实现个人成功生活与发展健全社会的目标。[③]

2006 年,欧盟发布了《终身学习的关键能力:一个欧洲参考框架》,[④]界定了每个欧洲公民需要具备的 8 项关键能力及其相关的横向主题,并于 2018 年更新框架。

2013 年,联合国教科文组织统计研究所和布鲁金斯学会普及教育中心共同研制并发布《全球学习领域框架》,[⑤]建构了学段递进型的 7 个学习领域指标体

---

① 林崇德.中国学生核心素养研究[J].心理与行为研究,2017(02):145-154.
② 张华.论核心素养的内涵[J].全球教育展望,2016,45(04):10-24.
③ OECD.(2005). The definition and selection of key competencies:executive summary[EB/OL].retrieved from http://www.oecd.org/pisa/35070367.pdf.
④ THE EUROPEAN PARLIAMENT AND THE COUNCIL OF THE EUROPEAN UNION.Recommendation of the European Parliament and of the Council of 18 December 2006 on key competences for lifelong learning[R]. Official Journal of the European Union,2006(L394):10-18.
⑤ UNESCO. General education quality analysis/diagnosis framework (GEQAF)[EB/OL]. https://www.ibe.unesco.org/sites/default/files/medias/fichiers/2023/06/geqaf-2012_eng_0.pdf.

系,即身体健康、社会情绪、文化与艺术、文字与沟通、学习方法与认知、数字与数学、科学与技术。该组织发布的报告强调学会学习、终身学习,重视知识与实践的结合,引领世界各国对核心素养进行研制与实施。

除此之外,不同国家也纷纷制定 21 世纪能力概念化框架。2002 年,美国制定《21 世纪学习框架》,并以合作伙伴的形式将教育界、商业界、社区以及政府领导联合起来,帮助将 21 世纪能力的培养融入中小学教育当中。[①] 加拿大为了将 21 世纪能力、教学实践和学习技术快速有效地融入教育体系中,提倡以学生为中心的探究性学习,并拟议了以学生为中心的加拿大《21 世纪学习愿景》,强调 21 世纪教育模式的核心是满足每个学生的学习需求。[②] 2017 年 3 月,日本文部科学省颁布了幼儿园、小学校和中学校学习指导要领,这是日本在全球发展学生核心素养大背景下新一轮课程改革的纲领性文件。文件表明,日本新一轮课程改革以学生"资质与能力"的全面养成为宗旨,课程内容强调"面向社会的课程",教学与学习方式强调"主体性、互动式、深度"的主动学习,学习评价强调以目标为基准的多样化,支持学生成长方面注重以学生为本,实施策略重视学校与地方的协同。[③④⑤]

可见,21 世纪的学生应该具备哪些能力才能满足个人发展的需求,以应对复杂的社会挑战,已成为当前国际教育界研究的热点。

二、《中国学生发展核心素养》注重培养全面发展的人

为了适应世界教育改革发展趋势、提升我国教育的国际竞争力,2016 年 9 月《中国学生发展核心素养》总体框架正式发布。学生发展核心素养指学生应具备的,能够适应终身发展和社会发展需要的必备品格和关键能力,是关于学

---

① Learning for the 21st century: a report and MILE guide for 21st century skills[R]. Washington, DC. Department of Education. 2002. https://files.eric.ed.gov/fulltext/ED480035.pdf.

② C21 Canada. Shifting minds: a 21st century vision of public education for Canada[EB/OL]. [2012-12-18]. https://www.c21canada.org/wp-content/uploads/2012/11/Shifting-Minds-Revised.pdf.

③ [日]文部科学省.幼稚園教育要領[EB/OL].[2017-05-12]. https://www.mext.go.jp/a_menu/shotou/new-cs/youryou/you/you.pdf.

④ [日]文部科学省.小学校学習指導要領[EB/OL].[2017-05-12]. https://www.mext.go.jp/content/20230120-mxt_kyoiku02-100002604_01.pdf.

⑤ [日]文部科学省.中学校学習指導要領[EB/OL].[2017-06-21]. https://www.mext.go.jp/a_menu/shotou/new-cs/youryou/chu/__icsFiles/afieldfile/2010/12/16/121504.pdf.

生知识、技能、情感、态度、价值观等多方面要求的综合表现。核心素养以培养"全面发展的人"为核心,分为文化基础、自主发展、社会参与3个方面,综合表现为人文底蕴、科学精神、学会学习、健康生活、责任担当、实践创新六大素养,具体细化为国家认同等18个基本要点。此后,有关核心素养的研究一直是国内教育界的焦点,在中国知网上能查阅到的关于学生发展核心素养的论文连年递增,其涵盖的范围有维度研究、比较研究、实施策略研究、实践调查研究、问题研究等。

其中,辛涛等人对我国义务教育阶段学生核心素养模型的构建进行了较为深入的研究。研究指出以往我国学校教育人才培养质量标准仅指向相应学段,随着学段学习的结束而结束,并不考虑学生的持续发展和终身发展。因此,我国义务教育阶段学生核心素养的遴选应注重一贯性、发展性与时代性,其建立过程需要广泛征集教育利益相关者意见,要处理好核心素养与教育改革和发展的关系,让其更好地服务教学实践,要完善核心素养测量与评价体系,推进其服务教育评价领域。①

李子健在《21世纪技能教学与学生核心素养:趋势与展望》一文中,基于《中国学生发展核心素养》总体框架提出未来我国基础教育课程改革的方向,指出应将着力点放在改革课程教学与评价上。在课程内容上应该更加丰富,给学生更加自由、充分的选择机会,满足不同学生的不同兴趣及多样化的发展需要,使学生在自主学习过程中学会学习。在课程评价上,应从单一的学习成绩评定走向多元评价方式,采用多主体评价、多种方式评价共存,力求更加客观地评定学生在学习过程中的各种表现。②

西南大学朱琳的硕士论文《学生发展核心素养背景下小学课程整合的策略研究》以《中国学生发展核心素养》框架体系为背景,开展了新一轮的课程改革研究,尤其在基础教育的小学阶段,从关注知识学习转变为关注小学生的持续发展、终身发展;从关注成绩好坏转变为关注小学生道德品质、社会适应以及学习能力的发展;从关注当下转变为关注未来。研究从整合课程入手,寻找突破

① 辛涛,姜宇,刘霞.我国义务教育阶段学生核心素养模型的构建[J].北京师范大学学报(社会科学版),2013(01):5-11.

② 李子健.21世纪技能教学与学生核心素养:趋势与展望[J].河北师范大学学报(教育科学版),2017(03):72-76.

口,以期通过整合课程的形式,修改小学教育课程目标,重新选择小学教育课程内容,改善小学课堂的课程学习组织实施形式,调整课程评价主体和评价方式,达到小学生素养培养的目的。①

姜言霞等人撰写的《中小学生发展核心素养现状调查研究》一文,通过教育统计的方法研制测查工具,对教育工作者和中小学生进行关于中小学生核心素养发展水平的现状调查,了解当地中小学生核心素养发展现状。结果发现当地中小学生核心素养发展水平总体情况不理想,且各版块发展不平衡,"责任担当"表现最好,"健康生活"表现最差;核心素养发展水平各学段存在差异,且随学段上升发展水平提高;核心素养发展水平存在性别差异。这些宝贵的调查数据都为下一步进行各学段核心素养培养策略相关研究提供了支撑。②

王静、马勇军发表的《核心素养研究在中国:方兴未艾——基于核心期刊文献的内容分析》一文通过内容分析法,以"核心素养"为检索词汇,以中国知网核心期刊论文为研究对象,对核心素养研究情况进行了分析,就相关争议问题进行了思考。文章梳理了4个争议较大的问题,即核心素养的内涵界定、核心素养与素质教育的关系、学科核心素养与学生发展核心素养的关系、核心素养的研究应规范还是开放,为未来研究规范指明了出路;并根据研究现状,提出了4个研究方向,即加强实证研究、注重评价领域研究、推进本土化研究、丰富体系研究,为未来研究指明了方向。③

综上,越来越多的学者和一线教师关注到学生发展核心素养④,尤其是《中国学生发展核心素养》总体框架在2016年9月发布后,研究呈井喷式发展,在这之后,相关话题研究论文数量庞大,质量较高。这表明,虽然我国核心素养研究起步较晚,但发展速度很快,研究也逐渐深入,是近些年教育界研究的热点之一。

三、项目化学习是培育和落实核心素养的有效途径

随着教育学界的交流日益频繁,多媒体渠道的多样传播,各类文献的宣传

① 朱琳.学生发展核心素养背景下小学课程整合的策略研究[D].重庆:西南大学,2017:31-55.
② 姜言霞,卢巍,毕华林,等.中小学生发展核心素养现状调查研究[J].山东师范大学学报(人文社会科学版),2017,62(06):94-104.
③ 王静,马勇军.核心素养研究在中国:方兴未艾——基于核心期刊文献的内容分析[J].内蒙古师范大学学报(教育科学版),2017,30(12):97-102.
④ 曲亚静,刘腾龙.学生发展核心素养国内研究动态分析[J].天津市教科院学报,2019(06):30-35.

推广等,中国的中小学的课堂内外呈现出"学科育人多途径,各类模式遍开花"的喜人景象。其中,项目化学习(Project Based Learning,缩写 PBL)作为一种指向学生发展核心素养,以学生高阶思维养成、合作与自我管理能力形成和实际问题解决为目标,通过创设承载核心知识的真实的驱动性问题,引导学生积极主动地持续探究问题,形成公开产品,实现跨情境迁移的深度学习方式受到了极大的关注。研究和实践证明,项目化学习能够并在较大程度上促进了学生核心素养的发展。①

项目化学习在培育核心素养上有独特的优势,它以学科核心知识为基础,以项目为载体,以学生为中心,以小组为单位,通过创设能激发学生兴趣的真实问题情境,设计具有挑战性、能引发思考的驱动性问题,让学生围绕项目任务开展持续性的学习活动,在经过真实持续的探究后解决问题,生成相关项目成果。不同于聚焦于学科知识、强调学生对知识的记忆和提取的传统课堂教学,项目化学习注重学生批判性思维、创新思维等高阶思维的培养,让学生在探究问题情境中整体把握核心知识,在实施项目中建构知识,同时引导学生理解并承担社会责任等。这些特点使得项目化学习成为培育和发展核心素养的重要手段和有效途径。

政策的颁布也为项目化学习的发展创造了条件。2019 年 7 月,《中共中央国务院关于深化教育教学改革全面提高义务教育质量的意见》发布,提倡开展研究型、项目化、合作式学习。2020 年 9 月,上海市教育委员会制定并印发了《上海市义务教育项目化学习三年行动计划(2020—2022 年)》,以创造性问题解决能力为导向,以项目化学习的实践和研究为着力点,以活动项目、学科项目、跨学科项目为载体,促进义务教育学校教与学方式变革,进一步激发学校办学活力。2023 年 8 月,《上海市教育委员会关于实施项目化学习 推动义务教育育人方式改革的指导意见》正式印发,明确:2023 年,全面启动实施项目化学习;2024 年,市级层面基本建成覆盖各年级和各学科的项目化学习典型案例库,力争项目化学习覆盖义务教育阶段所有学校;2025 年,项目化学习典型案例库进一步丰富,各区涌现一大批项目化学习的改革成果;2026 年,义务教育学校常态化实施项目化学习,教师教学理念、教学行为和学生学习方式发生积极变化,基

---

① 褚宏启.核心素养的概念与本质[J].华东师范大学学报(教育科学版),2016,34(01):1-3.

本形成教与学的新样态。

可见,项目化学习作为一种新的学习方式受到空前重视,具有探索和研究价值,在新课程改革背景下为培育核心素养提供了新的思路和可行路径。

四、跨学科视角下项目化学习助力发展生物学学科核心素养

《普通高中生物学课程标准(2017 年版 2020 年修订)》(以下简称新课标或课程标准)凝练出生物学学科核心素养的四个要素——生命观念、科学思维、科学探究和社会责任,充分体现了课程的学科特点和育人价值,是课程的设计宗旨和实施中的基本要求。[①] 在中国知网设置起止时间自 2015 年 1 月至 2024 年 12 月,输入"生物＋核心素养"关键词,可以搜索到 18132 篇文献,同时输入"生物＋核心素养＋项目",文献数量是 3839 篇。可见,在提升生物学学科核心素养的众多学习方式中,以项目为载体的项目化学习占了约五分之一。这意味着实施项目化学习,对于生物学学科核心素养的提升是可行且有效的。当然,如何开展是需要深入探讨的问题。教师需要对教学内容进行设计,将真实情境中的驱动性问题与生物学学科知识体系、学科核心素养有机结合,引导学生在"做项目"的过程中,进行有意义的、探究性的学习。通常认为,项目化学习是跨学科的,但对学科知识的深度理解是当前项目化学习中不可或缺的。项目包含知识的建构与转化,如果主要的项目活动对学生来说没有挑战性,只是知识的记忆背诵,或者只是已经学会的技能的简单呈现,其实并不是素养时代所倡导的项目化学习。在解决问题、完成项目的同时实现对概念知识的深度理解成为当前项目化学习的一种重要特征。[②] 夏雪梅认为,学科项目化学习的设计应该是双线并行的,也就是说,一方面,设计是基于课程标准中的关键能力或概念,另一方面,设计又指向创造性和批判性思维、探究与问题解决、合作等重要的跨学科素养。[③] 这种项目化学习的定位,体现了将学科学习的学与教方式的变革与真实问题解决情境的整合。

---

① 中华人民共和国教育部.普通高中生物学课程标准(2017 年版 2020 年修订)[M].北京:人民教育出版社,2020:4-5.

② 夏雪梅,崔春华,刘潇,等.学习素养视角下的项目化学习:问题、设计与呈现[J].教育视界,2020(10):22-26.

③ 夏雪梅.在学科中进行项目化学习:学生视角[J].全球教育展望,2019,48(02):83-94.

　　据 2018 年 3 月印发的《上海市进一步推进高中阶段学校考试招生制度改革实施意见》的通知,2021 年起,上海市高中阶段学校招生以 6 门科目初中学业水平考试成绩和综合测试成绩计分。其中,综合测试中的跨学科案例分析题满分 15 分,试题内容主要涉及地理、生命科学等学科,侧重对学生综合运用各学科知识分析和解决实际问题能力的考核。因此开展跨学科项目化学习一方面是为了适应新中考改革,另一方面也是为学生应对未来复杂的社会环境积蓄能量。这些项目可以从课程标准与教材中延伸而出,也可以来自日常生活、新闻热点、学生的困惑等。学校亟需的是一种指向综合素养的跨学科的课程形态和教学模式,让学生尽早浸润在跨学科的深度学习中。①

　　很多一线教师做了有意义的探索。如张阳在《以"病原体的诊疗"为主线的微生物项目化学习实践》中设计以医生接诊、确诊、治疗为真实情境的微生物主题项目化学习,通过学习子项目搭建学习支架,在学习子项目驱动性问题的引导下,进行为期一年的高中一年级项目化学习实践,有效激发了学生的学习热情和能动性,提升了学习效率和学习成就感,给予学生充分试错、纠错的经历,实现生物学学科核心素养的发展并体现生物学学科价值。② 陈佳佳在《基于项目化教学,提高高三生物学二轮复习效率——以"基因工程"专题复习为例》中以"基因工程"专题复习为例,介绍在高中三年级生物学二轮复习中通过课前自主设计、课堂交流讨论、课后拓展延伸三大环节,开展项目化教学,以培养学生在真实情境中解决问题的能力,提升课堂复习的效率,发展学生的学科核心素养。③ 舒兰兰在《大概念统整下的小学科学项目化学习整体设计——以"校园生物进化主题展览会"为例》中,以科学大概念为核心设计项目化学习,将科学知识体系、科学探究方法与技能、科学态度、解决问题的思维与方法、科学与社会的联系蕴含于解决真实问题的学习经历中。其具体的设计路径为:聚焦学习主题确定大概念;KUDB 目标模式外显大概念;驱动性问题活化大概念;问题驱动

---

① 夏雪梅.学科项目化学习设计:融通学科素养和跨学科素养[J].人民教育,2018(01):61-66.
② 张阳.以"病原体的诊疗"为主线的微生物项目化学习实践[J].生物学教学,2021,46(07):61-63.
③ 陈佳佳.基于项目化教学,提高高三生物学二轮复习效率——以"基因工程"专题复习为例[J].生物学教学,2019,44(11):21-23.

式学习活动建构大概念;综合性学习评价推进学习进程。① 冯文静在《高中生物项目化学习策略研究》中总结了深入项目化学习实践、创设生物问题情境、探寻生物学习根源、构建项目化学习思路、强化师生互动交流等在生物学科教学中如何开展项目化学习的策略。② 黄兰妹在对"项目学习:体育运动与心率"一课的教学点评中认为,课例是跨学科项目化学习的综合与实践课,综合运用数学与体育、生物等其他学科知识和思想方法,通过数学建模和探究活动,融合解决"体育运动与心率"的现实问题,让学生体会数学与现实世界的关联,积累数学活动经验,感受数学的科学魅力和应用价值,发展学生的模型观念、实践能力和创新意识,促进学生综合素质和核心素养的提升,体现立德树人的根本要求。③ 邵倩和彭禹设计了"斑马鱼系列"课程方案,以项目化学习的方式构成阶梯式的学习路径:饲养→微生物、节肢动物与鱼群观察→交配、产卵以及胚胎发育观察→系统控制下结合环境、水生动物与毒理学的胚胎发育研究→胚胎工程与基因工程。既保证了高中阶段实施项目化学习的低门槛特征,又具备支持学生持续学习、深度学习的能力,并在高一和高二学生中试行,取得了很好的效果。④

综上,尽管高中生物学学科中跨学科项目化学习的研究还算丰富,但实证调查基础上的研究报告却显得相对匮乏,更鲜有基于此开展的系列课程和策略的总结性探讨。本研究正是在这样的背景下应时而生,旨在将项目化学习理念引入生物学学科,从跨学科的视角出发,帮助学生建立起学校所学知识与他们生活的现实世界之间的紧密联系,期望引导学生在纷繁复杂的社会生活中探寻学习的意义,以探究和体验的方式"发现"知识,而非仅仅"接受"知识。让学生参与实践和问题解决,亲历科学发现的过程,努力将新的经验和过去的经验相联系。这既能给学生带来激情和快乐,又能使学生通过主动的参与增加科学知识。⑤

————————————

① 舒兰兰.大概念统整下的小学科学项目化学习整体设计——以"校园生物进化主题展览会"为例[J].上海课程教学研究,2022(06):42-46.

② 冯文静.高中生物项目化学习策略研究[J].高考,2021(24):15-16.

③ 黄兰妹.跨学科融合教学的一次成功实践——对"项目学习:体育运动与心率"一课的教学点评[J].中国数学教育(高中版),2022(17):21-24.

④ 邵倩,彭禹."斑马鱼系列"课程跨学科落实核心素养[J].上海教育,2019(Z2):124-125.

⑤ 刘恩山,曹保义.普通高中生物学课程标准(2017年版2020年修订)解读[M].北京:高等教育出版社,2020:47.

第二节　跨学科视角下项目化学习的研究意义

一、为生物学新课标的落实提供参考

新课标的课程方案进一步明确了普通高中教育的定位:"我国普通高中教育是在义务教育基础上进一步提高国民素质、面向大众的基础教育,任务是促进学生全面而有个性的发展,为学生适应社会生活、高等教育和职业发展做准备,为学生的终身发展奠定基础。"这里学生的"终身发展"关乎个人的成长,一个完整的人生是没有学科界限的,生活中的大事小情必定需要运用学科知识间的交叉与融合。但是,现有的教学体系是分学科的,教师需要把经历了千百年历史发展起来的科学知识分门别类教给学生。如果教给学生的科学知识离学生的生活太远,他会很难进入。所以,需要寻找一个通道,或者"虚拟创造"一个通道,这是一个既能连接学生生活,又能够把学生的生活提高到科学的高度的通道。通过选择与新课标紧密相关的项目主题,明确教学目标,并设计真实的问题情境,引导学生形成生命观念,培养学生的科学思维和科学探究能力,增强学生的社会责任感。这种学习方式能够使学生在实践中深入理解生物学知识,掌握核心概念和重要概念,从而为新课标的落实提供有效的参考。经过近几年的推广实践,跨学科的项目化学习已经被证实是一个能够让学生进入学科的方便快捷的方式。学生在项目的推进中不断学习,实现对问题的观察和问题的解决,获得全面的成长。

二、为项目化学习的本土化落地提供依据

在传统教育观念中,人们普遍认为学习是为了获取唯一的正确答案或者标准答案,这导致学习成为一种被动的、机械的灌输。扭转这一局面不是单凭某项政策、某所学校的管理,抑或是某几节公开课就可以轻松完成,而是一个缓慢发生转变的过程。项目化学习倡导的"以学生为主体、以活动为中心的学习"起源于西方,已经在西方社会中推行了 100 多年,欧美国家在项目化学习理论研究和实践经验方面都有更为丰厚的积淀,已经被证明对于培养学生的高阶素养

具有良好的促进作用。但由于教育情境、教育理念、教育方法等的差异,从西方直接引入的项目化学习面临"水土不服"的难题。由于存在诸如大班额、分学科、课时紧、学业压力大等现实困难,项目化学习或沦为活动,与国家课程两张皮,或被无限跨学科,损伤必须具备的学科知识和能力……这些矛盾亟待解决。国内学校开展项目化学习需要经历一个本土化的过程。在倡导素养提升的时代,我们需要更深层次的落地探索。① 如何在不断的迭代中推进项目化学习在我国教育情境中高质量地落地实施,让学习在学生身上真实发生,也是本次研究思考的问题。

三、为学习方式的变革提供路径

2020 年 9 月上海市教育委员会制定并印发的《上海市义务教育项目化学习三年行动计划(2020—2022 年)》中,强调"以项目化学习的实践和研究为着力点,以活动项目、学科项目、跨学科项目为载体,促进义务教育学校教与学方式变革",这为高中学段开展项目化学习提供了借鉴和方向。高中阶段实施的项目化学习具备以下四个特点:(1)问题要真实且有意义;(2)过程的探究性;(3)同伴的协同性;(4)结果表达的多样性。② 它对学习内容、学习环境和学习资源等多个方面均有所触动,会引发新的学习形态,学习方式也随之发生变革。学习方式由学习能力发展的水平决定,而且受到学习活动之物质载体和物质手段制约。③ 项目化学习和新技术的应用使学习主体、学习内容、学习环境等都发生了巨变,改变了整个学习系统,打破了各要素之间的平衡,为学习方式变革提供了前提基础和必备条件。纵观人类学习方式演变历程,学习方式的变革与生产力发展和技术革新息息相关。④ 信息技术尤其是智能技术的出现,使人类进入智能时代,以往"过时的、非数字时代的学习方式已难以适应人工智能赋能的学习变革"⑤,新技术背景下亟需全新的、丰富的学习方式。任何要素的变化都会引起学习方式系统中各要素之间的不平衡,不平衡的状态就会引起学习方式

① 吴金瑜.新高考、新课标导向下普通高中课程与教学改革研究[J].创新人才教育,2021(03):39-45.
② 蔡艺鸣.上海市中学地理项目化学习实施现状及策略研究[D].上海:华东师范大学,2022:45-48.
③ 夏雪梅.项目化学习的本土化:方向与挑战[J].上海教育,2019(Z2):5.
④ 岳伟,苏灵敏.学会学习:智能时代学习方式变革的本质透视[J].广西师范大学学报(哲学社会科学版),2023,59(04):58-67.
⑤ 桑新民.信息技术时代:人类学习方式变革的里程碑[J].上海高教研究,1998(12):35-37.

的变革。①

四、为评价方式的多元提炼经验

20 世纪 90 年代末，我国教育专家意识到中小学评价和考试制度与全面推进素质教育的要求存在不适应的现象，突出反映在强调甄别与选拔功能，忽视改进与激励的功能；传统测评任务如纸笔测试、练习等只注重对学习成绩的考查，忽视学生全面发展和个体差异；关注结果而忽视过程，评价方法单一；尚未形成健全的教师、学校评价制度等。2002 年 12 月，教育部下发《教育部关于积极推进中小学评价与考试制度改革的通知》，通知要求对学生、教师与学校评价的内容要多元，评价的方式要多样，建立以促进学生发展为目标的评价体系。这之后众多学者对新的评价如表现性评价、真实性评价、创新型评价等展开了探讨和研究。目前的共识是素养视角下的评价应是多维的，要同时整合传统评价与新评价。②③④ 2017 年，"素养为本的教育联盟"发布了素养为本的教育项目的质量标准，包括 7 个方面，其中与评价相关的标准指出：要有清晰的、可测的、有意义的完整素养结构；要有大量的不同层次评价策略的整合运用，来促进学生学习的透明化，并且表现出基于证据的持续改进过程。⑤ 在众多评价任务中，需要包含具有"真实性"的任务设计，这是素养评价区别于传统评价的关键特征，也是项目化学习评价的优势所在。比如，项目化学习的驱动性问题本身就创设了一个主要的问题情境，这既是支持学生"像专家一样思考"的学习和探索情境，也是评价学生知识和能力建构的主情境。

五、为校本课程的设计开发探索范例

迫于高考分数的压力，很多高中教师在实际的教学中依然采取"满堂灌"的

① 李芒，郑葳.信息化学习方式的历史审视[J].电化教育研究，2006(05)：3-9.
② 王佑镁，宛平，赵文竹，等.科技向善：国际"人工智能＋教育"发展新路向——解读《教育中的人工智能：可持续发展的机遇和挑战》[J].开放教育研究，2019，25(5)：23-32.
③ 李红梅."互联网＋"时代"新"学习方式的价值逻辑[J].中国电化教育，2017(06)：102-107.
④ 张良，师雨.核心素养导向下知识学习的定位、理念与方式变革[J].中国教育学刊，2022(09)：40-45.
⑤ Competency-Based Education Network. Quality principles and standards for competency-based education programs[EB/OL].(2017-05-02).https://cbenetwork.org/wp-content/uploads/2017/05/CBE17_Quality_Standards_FINAL.pdf.

"高压"模式。在连轴转的学科知识轮换之间,学生没有时间去思索"为什么?""怎么做?",他们只能不断地接受指令,执行指令,"浑浑噩噩"地前行。随着新课标、新教材的落地实施,学校的管理层需要在思想观念上与时俱进,既要坚持国家课程的基础性地位,又要结合师生的实际情况,制定适宜学校发展的课程目标和课程体系,培育具有核心素养的学生。跨学科的项目化学习可以完善学校的校本课程,分类分层分段设计出可选择的课程,促进学生全面且有个性的发展。活动项目的设计可以从学校原有的活动中升级转化而来,从学生感兴趣的问题、身边的问题转化而来;学科项目的设计可以根据课程标准中的关键概念或核心能力来架构,可以是基于对教材单元的整体及部分分析进行的项目化改造,可以转化课程标准中的教学案例,等等。教师应注重挖掘课程资源,积极开展学生综合实践活动,落实学生综合素养的发展,切实推动普通高中育人方式的变革。①

六、为核心素养的培育提供实践机会

跨学科的项目化学习倡导以学生为中心,以项目为中心,此导向下的知识学习不再被简单定位于知与不知,知得多与知得少,而是要求学生开展高阶思维参与下的迁移与运用,通过解决复杂、真实情境中的问题,胜任挑战与实现自我。学习的主要矛盾已转变为学生能否基于所学知识开展多样化的运用实践,并借此搭建知识与素养间相互转化的桥梁。在这一过程中,知识并非作为结果式、完成时、现成性的实体,而是作为问题解决的工具、待确证的结论与自我实现的资源而进入教学场域。教师的指导、讲授等则是以学习支持、"脚手架"的方式,推动学生在复杂情境的驱动下,亲历实践运用,促进新知的建构与核心素养的生成。伴随着疑难情境中的问题解决,学生所获得的学习结果体现出对复杂问题情境的胜任性、竞争力等特征,其实质表现就是核心素养。

七、为教师专业素养的提升指引方向

在项目化学习中,教师需要引导整个项目的设计和实施,给予学生学习支持,使学生在"做项目"的过程中通过运用学科概念、核心知识、工具技能等来实

现深度理解、解决问题和创造性完成作品。这样的教与学方式变革着传统教学,在"教"上更为强调大单元、大概念、情境化,在"学"上更注重培育核心素养和关键能力。① 开展项目化学习,对于学校来说面临最大挑战的是教师,教师专业发展需要呈现新的样态。项目化学习所倡导的学生的主动学习并不意味着教师的功能丧失,相反,教师必须贴近学生的"最近发展区",在深度了解学生的现有发展水平与预期到达的潜在水平之间进行连接,搭建学习支架以提供支持和帮助。② 在实践研究中,学科教师甚至可以联合家长共同探讨研发或应用各种学习工具作为学习支架来引领学生掌握学习方法,推进学习进程,帮助学生完成从入项到出项的完整学习闭环。这不仅能对学生素养的培养产生积极影响,也有助于促进教师终身学习、不断成长,保持创新教学设计的活力。③

综上所述,本研究不仅具有深厚的理论基础,而且具备切实的实践价值。本研究紧密结合我国基础教育课程体系,立足于学科课程标准和具体教学实际,依据详尽的调研分析报告,探索并整理出"高中生物学跨学科项目化学习设计策略",旨在为广大教师提供一套完整且操作性强的项目化学习建议和方法,从而有效填补当前研究中关于项目化学习实施策略的空白。此举不仅可为落实生物学核心素养提供坚实的实践依据,更可为一线教师提供可借鉴的设计思路和生动的典型案例,助力教师在教学中取得更好的成效。

第三节　跨学科视角下项目化学习的研究方法、内容及步骤

一、研究方法

1. 文献研究法

文献研究法是通过阅读国内外相关论文、整理研究成果、分析关键观点,以确定已有研究的热度、深度、广度,从中挖掘研究新视角,探寻未来趋势的方法。

① 夏雪梅.指向核心素养的项目化学习评价[J].中国教育学刊,2022(09):50-57.
② 张怡.基于项目化学习的初中教师能力建设[J].现代教学,2022(Z3):69-70.
③ 徐颖.以项目化学习研究引领区域教师的专业发展[J].中小学教师培训,2021(06):5-8.

文献研究法的显著特征是,不直接与研究内容产生互动,而是间接地从各种文献中获取信息,是基于前人的研究基础发现最新的发展趋势、研究视角的方法。

通过阅读项目化学习、生物学学科核心素养、高阶认知、教学评价等相关文献,评述项目化学习在教育学、生物学教学和跨学科教学领域的研究现状,以保证本研究的创新性、科学性、实用性。通过解读项目化学习的核心理论与生物学新课标、新教材,确定中学生物学项目化学习设计方案评价框架的指标,并严格界定各个不同水平层次指标的内涵。

2. 问卷调查法

问卷是一种收集数据的工具,问卷调查法是发放、收集样本并分析数据的一种研究方法。设计问卷的关键在于创建指向研究目标的、有效的、可靠的问题和选项。发放问卷时,选择适当的抽样方法保证结果的合理性也同样重要,因为研究目标通常是一个能推广、普及的研究成果,因此样本应有代表性,符合大多数人的想法。

本研究的调查问卷是在参考了很多文献的基础上,进行反复修正与讨论后形成的版本,并进行了小范围的预先测试,因此问卷设计得比较合理。抽样的上海市各区高中生物学教师的教龄、学校类型构成基本与上海市的教师构成一致,因此调研结果有一定普适性。

3. 行动研究法

行动研究法是一种适应小范围内教育改革的探索性的研究方法,其目的不在于建立理论、归纳规律,而是针对教育活动和教育实践中的实际问题,在行动研究中不断地进行探索、改进和解决。行动研究将改革行动与研究工作相结合,与教育实践的具体改革行动紧密相连。

本研究是针对教师在项目化学习实施过程中缺少行之有效的方案而开展的行动研究。基于生物学学科整合跨学科概念,开展课内与课外的方案设计与实施并不断修订完善。

4. 经验总结法

基于前期开发的课内和课外两类项目化学习的实践范本,经过不断反思复盘,从中提炼出项目的设计策略与实施路径,构建出主题设计和情境创设相交融的方法,设计出跨学科项目化学习的核心要素和基本流程图,归纳出具体实施的基本路径和步骤,提出可持续发展、不断创新的迭代改进发展策略,再将这些经验形成科研论文发表在专业期刊上,辐射全国同行,让更多的教育工作者从中受益,共同推动学生核心素养的全面提升。

二、研究内容

1. 跨学科视角下高中生物学项目化学习的现状调研

分析文献以了解项目化学习在高中生物学学科中的发展、分类、应用、具体案例等,为调查研究和设计跨学科的高中生物学项目化学习提供理论指导;通过问卷调查了解高中生及生物学学科教师对跨学科视角下项目化学习的认识、存在的困惑及实施现状,为后续开展项目化学习提供事实依据。

2. 跨学科视角下高中生物学项目化学习的方案设计

立足生物学学科,联合化学、数学、物理、通用技术等学科教师,共同参与设计多个不同的项目化学习方案,适应不同学生的个性化发展和需求,吸引不同水平的学生参与,促进学生相关学科知识的内化,提升学生从实践层面探讨、解决现实问题的能力。

3. 跨学科视角下高中生物学项目化学习的组织实施

以"实践—修订—再实践——再修订"的螺旋模式开展高中生物学项目化学习的跨学科整合和实践策略行动研究。首先,采用课堂观察、个案追踪的形式,对施行的项目化学习案例进行详细记录;其次,分析案例,咨询专家,请教相关学科教师,与学生交流,结合学生的需求,发挥学生的主观能动性,对案例方案的不足之处进行修改;再次,开展项目化学习活动,特别关注方案中修正过后再实施的部分是否达到预期效果,如有必要,可再次进行修改;最后,将活动效果进行前后比对,总结经验,形成案例集。

4. 跨学科视角下高中生物学项目化学习的评价探索

过程评价——建立评价活动手册,关注学生在项目设计和实施过程中的表现。

成果评价——设立作品表彰奖项,评判项目化学习的成果。

总体评价——设立优秀集体表彰奖项,体现项目化学习过程中的团结协作。

三、实施步骤

跨学科视角下高中生物学项目化学习设计与实施研究主张以学生为中心,

强调小组合作学习,要求学生对现实生活中的真实性问题进行探究。初设以下3个基本实施步骤:

第一阶段:准备阶段

1. 查阅资料,找寻跨学科视角下高中生物学项目化学习设计与实施研究的理论依据,了解现状,收集相关的文献资料。

2. 召开开题报告论证会,邀请相关领域内的专家和同行讨论、论证课题方案的可行性,修改并制订研究方案,明确研究思路和技术路线,落实研究的具体任务。

3. 围绕课题选择教师进行调查活动,通过发放问卷的形式了解项目化学习在高中生物学教学中的应用现状、师生所积累的经验和面临的困惑。

4. 撰写开题报告,修正研究步骤和实施方案。

第二阶段:实施阶段

1. 撰写方案初稿

联合数学、物理、化学、信息技术等学科教师,以生物学学科为立足点,设计跨学科视角下高中生物学项目化学习的方案初稿,请专家审阅并提出修改意见。

2. 项目化学习活动的预开展

在部分学生中实施项目化学习的个别方案,记录学生的态度、表现和意见、建议等。

3. 修订项目化学习方案

结合文献,重新审视学生、教师等各方面的反馈意见,对方案中的不完善之处进行再次修订,使之在项目的设计、与学生的贴合程度、教师指导的便利程度等方面更加优化,完成跨学科视角下高中生物学项目化学习的完整的设计方案。

4. 全面开展项目化学习活动

在学生中深入开展跨学科视角下高中生物学项目化学习活动。过程中关注学生科学思维习惯的培养、科学探究的思路和科学探究方法的掌握,提升在真实情境中解决实际问题的能力。

第三阶段:总结阶段

对照课题方案进行全面总结,整理资料,分析跨学科视角下高中生物学项目化学习实践活动中遇到的问题,反思活动得失;完成结题报告的撰写和各项成果资料的汇编工作,请专家鉴定和评议;总结课题中的经验,形成论文并发表。

第二章

项目化学习的研究进展

第一节 项目化学习的研究现状

一、教育学领域

1. 国内外研究规模

就中文文献来看，在中国知网数据库设置起止时间自 2003 年 1 月 1 日至 2022 年 12 月 31 日，以"项目化学习""项目式学习""项目学习""基于项目的学习""项目教学法"（均为 Project-based Learning 的不同译名）为主题搜索，发现共收录约 3.71 万篇文献，其中，"北京大学图书馆中文核心期刊"论文 1770 篇，硕士论文 2391 篇，博士论文 34 篇。

分析 2003—2022 年与"项目化学习"有关文献发文趋势（图 2-1）可知，自 2007 年起，发文量年增幅较大，2013—2018 年间，年发文量持稳，年均 2300 篇

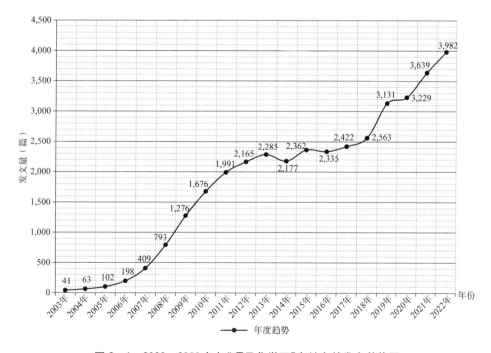

图 2-1 2003—2022 年与"项目化学习"有关文献发文趋势图

左右。推测随着 2016 年《中国学生发展核心素养》研究成果的发布,"项目化学习"的相关论文也持续增加;在 2019 年,突破 3000 篇且仍持续走高,可见有关项目化学习的研究在素养培育导向的时代得到了阶段性的关注。

从发文的来源来看,参与研究的多为教育研究院等科研单位,来自中学一线教学岗位的作者非常少(图 2 - 2)。其中,华东师范大学的发文量最多(207篇),之后是华中师范大学(180 篇)和北京师范大学(167 篇)。江苏省海安县实验小学(114 篇)表现亮眼,是发文量居前的 20 家机构中唯一一家基础教育阶段的单位,教师的研究内容聚焦语文、数学、英语、科学等多个学科,这可能与学校长期坚持的办学理念和发展方向密切相关。整体上,与项目化学习研究相关的学术资源主要还是集中在高等院校,原因可能是高等院校研究人员众多,有更多的时间和精力投入教育科研中,导师与学生、学生与学生之间的学术交流更为紧密、畅通,有更多机会探讨国内外教育研究领域的热点话题,研究成果相对

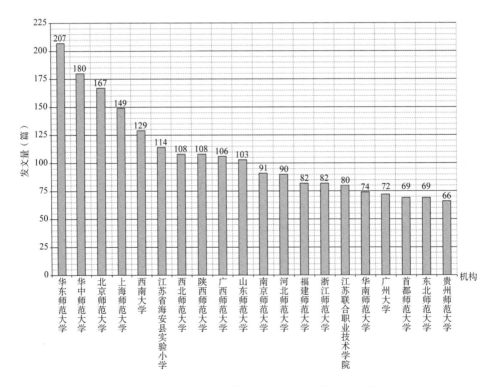

图 2 - 2 研究"项目化学习"发文量居前的 20 家机构

丰厚,等等。基础教育阶段的教师在完成本职教学工作之余,开展了一些偏重实践的研究,成果多为教学中的案例提炼。若二者能加强合作,由一线教师提供教学中存在的问题和案例,再由高校的科研人员对其进行理论与实践相结合的个性化指导,将有助于把对研究有兴趣的一线教师培养成科研型教师,切实解决他们在教学实践中遇到的"真问题",挖掘这部分作者的研究潜力,从实践层面推动项目化教学的研究和发展。从发文机构所在的省市来看,以江浙沪及东部沿海省市为主,占比约 50%,北京等华北和东北地区占比约 40%,西部地区作者不到 10%。这在一定程度上反映了我国教育科研地域发展不均衡,不同地区的研究成果数量差距较大,经济发达地区作者的科研能力明显更强。从获得的基金来看,国家、省、市甚至区和校级均有一定的资金支持,也体现出相关政府科研部门和学校等对这方面研究的重视。

从国外来看,通过间接查阅,截至 2022 年 2 月下旬,在 Web of Science 上以"Project-based Learning"为主题搜索,共发现有 5941 篇核心期刊文章,作者主要来自欧美发达国家的综合性大学。可见国外教育学研究领域对项目化学习的重视程度也较高。

2. 国内外研究内容

项目化学习的缘起最早可以追溯到约 100 年前的杜威实用主义教育理论。20 世纪 50 年代,医学教育领域开始尝试开展项目化学习。1969 年,加拿大麦克马斯特大学成为首所正式将项目化学习引入医学教育领域的学校。在进入经济、科技高速发展的新世纪后,社会对能创造性解决问题的高素质劳动者的追求日益强烈。因此,无论是发达国家还是发展中国家,顺应未来多变的世界是项目化学习得到越来越多关注的原因,其作为培育学生素养的关键策略之一,受到了各个国家教育部门的推崇。

根据现有研究的主题分布,可以发现国内有关项目化学习研究的热点主要是项目化学习的理论模式研究、教学设计与实践研究、基于项目化学习的教师专业化发展研究。除了以上三点,国外的部分研究者也对项目化学习的有效性、学习评价等表现出了兴趣。

(1)关于理论模式研究

我国学者刘景福是第一批较为系统地研究项目化学习的研究者之一。他认为,项目化学习由内容、活动、情境和结果四要素组成;实施步骤分为选定项目、制订计划、活动探究、作品制作、成果交流和活动评价。① 2008 年,深耕项目化学习的巴克教育研究所提出了项目化学习八大"黄金准则",包括核心知识和成功素养、挑战性问题、持续性探究、真实性项目、学生主导、学习反思、评价与修正,以及项目成果公开展示。近些年随着"素养"研究的深入,项目化学习的模式有了发展与更新。以夏雪梅为代表,从素养的综合性特征出发,创建了包括六个维度的项目设计框架,充分体现了项目化学习的时代性、本土化特点,给出了符合我国本土情况的大量项目化学习设计案例和辅助工具,并结合理论框架进行了详细的分析和点评。从项目化学习的理论模式研究的演变可以看出,项目化学习的培养目标——强有力的知识和素养得到了一致的认可;驱动性问题的设计很大程度上决定了项目的水平;贯穿学习的全程评价是促进师生反思、进步的重要环节,但在实际研究中,较少看到可迁移运用的系统性评价体系。

(2) 关于项目化学习的设计与实践研究

国内外的研究方向有较大的不同。因我国长久以来的教育体系是建立在分科基础上的,所以国内的研究主要集中在包容性较强的数学和英语学科,同时融入语文、历史、科学开展跨学科项目化学习。② 国内的研究除了学科性较强,基本与中考、高考科目一致外,在医学教育等职业教育中的应用较多,该领域也是国内最早引入项目化学习的。③ 国外的研究主要依托工程技术、计算机科学、商业经济学、科学教育等,综合性较强,学科边界相对模糊,更加契合项目化学习的跨学科属性。如,西班牙马德里理工大学 Rodríguez 等,介绍了该校航空航天工程专业采用项目化学习教学的经验,通过学生的反思日志及问卷调查,认为项目化学习可增强学生的专业技术能力及其他一般能力。④ Ivan Milentijevic 等开发了一个通用模型,该模型用于版本控制系统的应用,以支持一系列基于项目的学习方法。模型以 UML 序列图的形式呈现,通过在不同的

① 刘景福,钟志贤.基于项目的学习(PBL)模式研究[J].外国教育研究,2002(11):18-22.

② 黄明燕,赵建华.项目学习研究综述——基于与学科教学融合的视角[J].远程教育杂志,2014,32(02):90-98.

③ 慕景强.PBL 在医学教育中的应用现状研究[J].西北医学教育,2004,12(03):170-173+188.

④ RODRÍGUEZ JACOBO, ANA LAVERÓN-SIMAVILLA, J M DEL CURA, J M EZQUERRO, VICTORIA LAPUERTA and MARTA CORDERO-GRACIA. Project Based Learning experiences in the space engineering education at Technical University of Madrid[J]. Advances in Space Research,2015,56(7):1319-1330.

项目阶段将监督角色分配给教师或学生,涵盖了广泛的基于项目的学习方法。通过设置模型参数,展示了基于项目的不同学习方法在该模型上的可能实现方式。通过对 21 名学生组成的测试组进行合作评估,对模型进行了评价。[①]

在我国中学分科教学的大背景下,一些研究立足分科教学优势,参考国外的应用研究,融通相关学科核心知识,对国家课程标准进行项目化学习要素的糅合与改良,在一个大概念统领下建构各个学科知识体系及其相互联系。例如上海市初中学业水平考试中的"跨学科案例分析",考察了生物学和地理的核心知识和素养,是运用项目化学习的场景之一。

（3）基于项目化学习的教师专业化发展

项目化学习可以在师范生培养或教师培训中运用。一些研究结果显示,项目化学习能有效促进教师专业化发展。香港大学 Lam Shuifong 等认为,通过项目化学习,教师拥有较高的内在动机,学生会受到更多来自教师的支持,从而使其自身的内在学习动机得以提高。[②] 以色列凯伊大学 Goldstein 曾进行物理专业师范生的项目化学习教学实践,结果表明,物理专业师范生采用项目化学习进行物理学科教学活动,有助于改善学习物理的态度,减少恐惧,增强自我效能感与兴趣。[③] 西班牙萨拉曼卡大学 Basilotta 等对西班牙不同学校的 310 名教师进行关于项目化学习的看法的问卷调查,结果显示,教师们在应用 PBL 时遇到了一些困难。其中包括学校管理层缺乏支持（33%）和技术工具配备不足（34%）,这些因素阻碍了一些任务的执行。分析表明,在使用 PBL 教学方法方面,教师的性别和教学经验年限存在显著差异。男性教师对学校情境的融入和教师的角色持更为积极的态度（$p<0.05$）。教学经验更丰富的教师对所有变量（学校情境的融入、项目特点、教师的角色、所用工具、学生的角色以及所取得的结果）都持有更为积极的看法。[④]

① MILENTIJEVIC I Z, CIRIC V M, & VOJINOVIC O M. Version control in project-based learning[J]. Comput. Educ., 2008, 50: 1331－1338.

② LAM S, CHENG W R, MA W Y K. Teacher and student intrinsic motivation in project-based learning[J]. Instructional Science, 2009, 37(6): 565－578.

③ GOLDSTEIN, O. A project-based learning approach to teaching physics for pre-service elementary school teacher education students[J]. Cogent Education, 2016, 3(1).

④ Gómez-Pablos B V, Pozo D M M, Muñoz-Repiso G A. Project-based learning (PBL) through the incorporation of digital technologies: an evaluation based on the experience of serving teachers [J]. Comput. Hum. Behav. 2017(68): 501－512.

贵州财经大学陈奕桦等，整合原始科技接受模型（Technology Acceptance Model, TAM）与PAD（Pleasure, Arousal, Dominance）情绪模型，以196名参与培训的台湾省教师为对象进行实证研究，旨在厘清模型潜在变项对于教师项目化学习网络教学系统使用意向的影响。结果发现：原始TAM变项中，认知有用性与认知易用性均与态度有正向关联，态度与使用意向具有正向关联；PAD变项中，愉快与振奋情绪与态度具有正向关联，支配与认知易用性具有正向关联。① 叶碧欣等采用混合研究方法，通过问卷调查、访谈和实物法的形式进行资料收集，以幼儿园、小学、初中、高中和高等院校中有过项目化学习经历的教师为研究对象，进行实证研究。② 高辛宇通过研究构建PBL教师胜任力模型，并依据该模型的内涵及应用提出PBL教师胜任力的培育策略和模型的应用启示。③ 但此类研究总体来说数量较少。

（4）关于项目化学习的有效性研究

值得一提的是，并非所有研究都证明项目化学习相较于其他教学模式有显著提升效果。张文兰等对国内外近十年有关项目化学习的学习作用效果的46项实验与准实验研究进行元分析，一些研究揭示项目化学习对学生的某些方面有促进作用，部分研究发现项目化学习对学生不存在特别显著的影响。不过大多数研究的实验成果都证明了项目化学习对学生知识与素养有正向的积极作用，特别是对小学和大学学段的学生效果最明显，在理化工程类的课程中成果最显著。可以通过加长项目化学习的持续周期、采用更多的学习工具与技术、鼓励学生深度加工所学知识、扩展探究范围来增强项目化学习的积极影响。④

（5）关于项目化学习的评价

近年来，项目化学习评价在国外相关研究中一直是热点问题，未来也将是受关注的重要研究趋势。项目化学习评价的目的在于了解学生增强了哪方面的能力，而不是只关注学生的学业成绩。因此，项目化学习评价，应当是一种全

① 陈奕桦，杨雅婷.项目学习网络教学系统之教师使用意向研究[J].现代远距离教育,2015(03):60-69.

② 叶碧欣，桑国元，王新宇.项目化学习中的教师素养:基于混合调查的框架构建[J].上海教育科研,2021(10):23-29.

③ 高辛宇.项目化学习教师胜任力模型的构建与应用研究[D].上海:华东师范大学,2023:96-98.

④ 张文兰，胡姣.项目式学习的学习作用发生了吗?——基于46项实验与准实验研究的元分析[J].电化教育研究,2019,40(02):95-104.

方位、全过程的评价,评价方式应采用量化与质性的混合评价方式,评价内容主要包括学生、教师以及项目组织与过程机制等。①

推进学科教学的效果是项目化学习的附带成效之一,那么,如何评价和认定学生的能力发展、知识获取与创造,将成为很长一段时间内学者与教师共同关注的热点。具体来说,项目化学习评价,在关注学生的学业成绩以外,还需要关注学生的兴趣、动机、技术使用、互动交流等行为表现,以及教师的内在动机、自我效能感、满意度、组织指导项目实施能力等。评价的具体方式包括学生项目阶段性作品成果评比、项目小组内学生互评、教师家长认证投票等,并结合评价表、量规、真实生活情境中的行为观察等科学研究方法,运用更科学、更合理的评价手段评价项目化学习各构成要素与组成部分,这是项目化学习评价未来发展的趋势。

二、高中生物学教学领域

项目化学习注重的综合性、实践性与生物学学科属性无疑是契合的。在对中国知网数据库的检索结果中,集中在中等教育的项目化学习研究文献共 7376 篇(学术期刊)。和高中生物学有关的项目化学习研究文献自新课标施行后开始稳步增长,截至检索时有 80 篇,其中,硕士论文 60 篇,博士论文 0 篇,其余为期刊论文。硕士论文大体可分为三类:第一类关注项目化学习在培养高中学生的生物学学科核心素养方面的案例及策略研究,如刘柳在论文中探讨了在高中生物学教学中培养学生科学思维的策略,并对教学提出五点有效的建议,即基于概念图教学策略培养学生的归纳与概括能力,基于 PBL 教学策略培养学生演绎与推理能力,基于多种模型制作培养学生模型与建模能力,基于生物学史培养学生批判性思维能力,基于体验式教学策略培养学生创造性思维能力。② 第二类将项目化学习与学科本位知识紧密联系,为教师提出了更好地突破教学中的重点和难点的策略,如李秀银以高中生物学必修 2《遗传与进化》为例,通过 PBL 教学模式的实践,尝试突破传统课程教学以传授理论知识为主的"教材＋黑板＋考试"的模式,凸显出以学生为中心的课堂教学,提升学生学习

①　张文兰,苏瑞.境外项目式学习研究领域的热点、趋势与启示——基于 CiteSpace 的数据可视化分析[J].远程教育杂志,2018,36(05):91-102.

②　刘柳.高中生物学教学中培养学生科学思维的策略研究[D].沈阳:沈阳师范大学,2019:36-39.

生物学的积极性。① 第三类将项目化学习与校本课程的开发设计相结合,如葛晓蕾对一个实验班进行为期一年的教学实践,并在实践前后对学生进行调查分析,形成了一套完整的基于项目化学习的生命科学研究型课程,以及实验探究型、调查研究型、数字化等有特色的项目化学习案例。通过案例的分析、学生的调研,课题最终验证了项目化学习模式在研究型课程中的有效性,开设这样的研究型课程符合教师和学生的要求。②

期刊论文的内容取材较学位论文更为广泛,切入点小,有一定的研究深度和新颖性,涉及如下方面:(1)关于某个章节的教学设计。如结合真实生活情境,设计趣味性、生活化的驱动性问题,激发学生兴趣,引发学生深入思考,并以此引导学生主动投入项目化学习的《以"有丝分裂"为例浅谈高中生物项目化学习设计》。③ (2)与生物学实验教学密切结合的项目化学习,发挥出学生学习主体作用,促使学生自主学习,最终达到提高生物学实验教学质量的目的。④ 翟文灿通过实验探索,认为高中生物学拓展实验项目化学习可以调动学生参与的积极性,引发学生深度思考,增强学生的自主探究与自主学习能力。⑤ (3)将项目化学习和学业水平考试的高三生物学复习课紧密联系,就如何在复习课中应用PBL教学模式提出了一些策略与建议,以引起广大生物学教师对生物学复习课的重视,同时为提高复习课的教学效率提供一定的帮助与借鉴。⑥

综上所述,无论是学位论文,还是面向广大读者的期刊文章,高中生物学学科教学领域内,引入项目化学习已经成为当前备受瞩目的研究焦点。高中生物学作为教育体系中的关键基础性学科,将PBL教学模式巧妙地融入教学过程,不仅完美契合了高中生物学对学生知识掌握与动手实践能力的双重要求,更能为高中生物学实验课程的优化整合提供强有力的支撑,对于高中生物学教学有效性的提升,具有深远的促进作用和重要的实践意义。

----

① 李秀银.PBL教学模式对生物学习重难点突破的探究——以高中生物学《遗传与进化》为例[D].阜阳:阜阳师范大学,2021:44-50.

② 葛晓蕾.基于项目学习的生命科学研究型课程的开发与应用[D].上海:上海师范大学,2015:38-56.

③ 李海霞.以"有丝分裂"为例浅谈高中生物项目化学习设计[J].上海教育,2020(15):78.

④ 盛冬华.PBL教学模式下的高中生物实验教学策略[J].新课程导学,2020(07):60.

⑤ 翟文灿.高中生物拓展实验项目化学习实践探索[J].教学管理与教育研究,2023,8(11):79-81.

⑥ 杨金凤,李亚军.PBL教学模式在高中生物学复习课中的应用策略[J].中学生物教学,2016(06):4-6.

三、跨学科教学领域

根据对中国知网数据库的检索结果,截至 2022 年 8 月底,高中学段依托学科的项目化学习研究文献共有 901 篇。学科主要集中在两类(表 2 - 1),一类是 STEM 等强调通过动手实践做出项目成果的非考试课程,如信息技术等;另一类为中学主要考试科目,例如语文、英语、化学、数学等。一线教育研究者的基数大,研究成果相对更丰富。但涉及学科交叉融合的研究较少,例如指向科学领域核心素养的融合化学、物理、生物的项目化学习研究不多。①

为了弥补目前项目化学习实施过程中各个学科各自为政、交互不强的问题,夏雪梅提出了学科项目化学习的双线设计,一方面是基于课程标准中的关键能力或概念,另一方面又指向创造性、批判性思维,探究与问题解决,合作等重要的跨学科素养。② 这种项目化学习的定位,体现了将学科学习的学与教的方式的变革与真实问题解决情境的整合,有助于打破学科边界,变革教学方式,寻找不同学科知识间的联系,并将其作为项目化学习设计的逻辑起点,整合学科情境,设计体现多学科核心概念的驱动性问题,诱发跨学科学习,指向素养的有效落地。

表 2 - 1　依托不同学科的项目化学习相关研究文献数量统计

排序	课程名称	文献数量	排序	课程名称	文献数量
1	信息技术	142	8	物理	61
2	化学	132	9	历史	40
3	地理	109	10	政治	24
4	生物	103	11	跨学科	12
5	英语	100	12	美术	10
6	数学	87	13	校本课程	6
7	语文	72	14	音乐	3

① 吴晗清,穆铭.科学领域核心素养达成的利剑:融合理化生的项目式学习[J].教育科学研究,2019(01):50-54+60.

② 夏雪梅.学科项目化学习设计:融通学科素养和跨学科素养[J].人民教育,2018(01):61-66.

研究的学段覆盖初等、中等和高等教育,另外,关于职业教育中的教学实践的研究较多,反映了项目化学习对学生技能型劳动素质培养的重要价值和优势。①

第二节　国内外研究现状问题评述

一、理论研究与应用实践脱节

从项目化学习的研究现状来看,国内外教育学领域对项目化学习培养学生素养均有一定的研究基础。国外研究的重视程度、研究深度和研究历史都走在国内研究者前面。国内学者可以借鉴国外研究者做的准实验研究经验,在我国核心素养的教育风向标之下,基于实验组与对照组的数据,探究项目化学习的有效性。

我国对项目化学习感兴趣的研究者主要分为两类,即注重理论研究的高校研究者和注重应用实践的一线教育研究者。前者探讨项目化学习的理论框架,后者注重依托学科的教学设计与应用,提供了较为丰富的教学案例。但实际上后者中大多数研究缺乏深度,只是将项目化学习的教学模式简单套用在学科教学中,出现了较多重复性研究,本质上只是提出一个"新颖"的教学设计,缺乏对基于学科特点的项目化学习模式的剖析。生物学综合性、跨学科性的天然学科属性虽然与项目化学习的核心特征密切契合,但相较于物理、化学等学科,高中生物学教师数量较少,针对项目化学习的研究成果相对比较单薄。

另外,相较初中,项目化学习在高中学段的影响力较小。高中教学对学业测试水平的重视程度显然更高,虽然学生的学业成绩可以从一定程度上反映出学科素养,但在教学实践中二者并未实现完全的统一。高中阶段师生对于项目化学习的关注和投入程度相对低一些。项目化学习在高中教学中存在理论与实践脱节的现象。虽然关于项目化学习能有效培养学生素养的研究较丰富,但国内目前对项目化学习之于学业成绩提升的实证研究相对欠缺,若这部分研究空白能被填补,也许会有更多教师愿意尝试采用项目化学习代替部分常规课堂教学。

二、应用推广存在障碍

项目化学习作为一种教与学的新模式,在国内学校的推广及应用规模较小,仍处于理论研究与实验阶段,未形成成熟的体系。[①] 在中学课堂实施项目化学习意味着需要同时改变课程、教学和评估实践,这些改变对于学生和教师来说是全新的挑战。因此部分学者进行了相应的成因探究,认为项目化学习实施存在障碍可能是由于教学资源欠缺、课时紧张、班级规模较大,以及学科界限明确的分科教学致使教师无法拥有实施项目化学习所需的自主权。[②] 在一些研究中发现,教师普遍缺乏动机和鼓励,不愿意学习和使用新方法。但是在必要的支持、激励和一点压力下,教师开展项目化学习实践或理论研究的动力会显著增加。

在生物学学科中尤其缺乏研究深度,特别是对项目化学习方案的设计及策略研究不成熟,加之其他原因的共同作用,导致项目化学习应用少、应用难。因此,本研究将从生物学学科属性出发,调查上海市项目化学习实施现状,构建"双新"背景下"高中生物学项目化学习方案设计及策略",以期为一线生物学教育工作者进行项目化学习、落实核心素养提供借鉴。

三、师资培训力量薄弱

目前,我国诸多师范院校没有开设专门针对师范生的项目化学习课程。这是职前培训中存在的一个比较显著的问题,职前教师都未曾学习过相关内容,在职教师对此更是陌生。一些学校可能会组织关于项目化学习的讲座,但教师很难真正认识到项目化学习的价值。与此同时,国内也出现了培养全科型教师的声音,但主要集中在小学教师的培养方面,如诸多地方性师范院校设立的初

---

① 黄明燕,赵建华.项目学习研究综述——基于与学科教学融合的视角[J].远程教育杂志,2014,32(02):90-98.

② BARRON B J S, SCHWARTZ D L, VYE N J, MOORE A, PETROSINO A, ZECH L, BRANSFORD J. D. Doing with understanding: lessons from research on problem-and project-based learning[J].The Journal of the Learning Sciences, 1998(7): 271-311.

等教育学院。然而,所谓全科型教师的培养,往往还是按照分科培养的形式,并没有真正实现培养目标。在乡村学校中,由于师资不足或者某些学科存在结构性教师短缺,许多教师迫不得已成为全科型教师。而在城市学校,一些教师可能会兼任,比如语文教师兼任道德与法治学科教师、计算机教师兼任通用技术教师,但很难看到真正意义上的全科型教师。

为了解决上述问题,高等师范院校已经进行了相关的改革。如北京师范大学的桑国元教授在 2021 年开设的本科生课程"项目化学习设计",是一门专门帮助师范生提升项目化学习实施能力的课程,同年他也在北京师范大学对口支援的青海师范大学开设了这门课程。课程以中国教育改革为经,以美国巴克教育研究所的项目式学习"黄金准则"为纬,依据课程发展阶段理论,从项目式学习的设计、实施和评价三个层面构建了适用于中国教育情境的项目式学习"三六标准"模型。① 但寄希望于某所高校的某个课程去解决全国基础教育学段的项目化学习教师短缺的问题显然是杯水车薪。

---

① 李泽晖,张雨晴,桑国元.项目式学习教师培训师:内涵、角色定位与培训课程设计[J].中小学教师培训,2023(07):1-6.

第三章

高中生物学项目化学习的现状调研

第一节 调查问卷的设计

问卷的发放对象是上海市部分高中生物学教师,旨在通过问卷反映基于生物学学科的跨学科的项目化学习在高中阶段的接受程度及开展情况。问卷设计成 6 个部分,即 6 个维度,对每个维度根据调查目的设计成若干个问题进行调查分析(表 3-1)。

表 3-1 调查问卷的 6 个维度

主要维度	调查内容	对应题号
个人信息	教师信息:教龄	1
	所在学校的类型	2
对项目化学习的基本认知	了解程度	3
	对项目化学习的理解:关键词联想	4
所在学校项目化学习的实施现状	理论培训时长、教学实践次数、案例名称	5
项目化学习开展的意愿及原因	开展意愿	6/9/12
	原因:素养目标、专业支持、制度保障、个人利益、其他	7/8/10/11/13/14
对项目化学习的价值认识	教师素养:教学理念、个人能力	15
	学生素养:学业成绩、21 世纪学习技能、高阶思维	16
	生物学课堂教学:教学策略、学习兴趣、核心素养、核心知识	17
开展项目化学习所需的专业支持	支持类型:教师培训、专家指导、案例资源、社会支持	18
	培训过程和方法:专家讲座、工作坊、教研活动、社会资源	19/20
	其他意见与建议	21

维度一为教师基本信息,包括教师的教龄和所在学校是否为上海市市级、区级实验性示范性学校。设计之初还包括教师的性别、学历、爱好等,在后续开

展的预调查过程中,发现这些内容与调查目标不匹配,故删去,只保留教龄这一关系最为密切的影响因素。此部分旨在收集调查对象的基本信息,以便后续进行交叉分析。为了保证每位教师在填写时没有其他顾虑,所有调查均采用匿名,以保证数据来源的可靠性。

维度二为教师对项目化学习的基本认知。此部分旨在调查项目化学习的教学模式在上海高中生物学教师群体中的熟知程度及其占比。设置排序题是为了检验教师对项目化学习的认知水平。

维度三为所在学校项目化学习的实施情况。根据教师所受的培训及校内开展的与项目化学习相关的课程内容等,了解教师的理念接受程度和课程开发的实践转变,以及将学科教学融入真实问题的解决的能力水平。

维度四为项目化学习开展的意愿及原因。根据教师是否有意愿开展项目化学习,后续题目出现了分叉,选择"是"则会询问教师愿意开展项目化学习的主要原因,以及偏向的项目化学习载体;选择"否"同样也是先询问意愿低的原因,之后再调查如果解决了以上障碍,意愿是否会提升。此部分旨在调查教师开展项目化学习的意愿高低及其原因,以便有针对性地找到进一步推广项目化学习的着力点。

维度五为对项目化学习的价值认识,分别调查了开展项目化学习对于学生、对于教师的意义。此部分旨在调查教师对于项目化学习的价值认可度,以及针对生物学学科调查开展项目化学习的优势,以便后续结合理论研究论证项目化学习的价值。

维度六为开展项目化学习所需的专业支持,包括教师的培训时长、实践情况、教师所需的帮助、期待的培训内容,以及教师对于项目化学习开展过程中所遇问题的改进意见与建议。此部分旨在调查教师希望得到的帮助,以及培训的内容和方法,以供后续开展以满足教师真切需求为出发点的相关教研,提升教师开展项目化学习的意愿与专业能力。

第二节　问卷情况分析

问卷经上海市各区高中生物学教研员以网络链接方式进行随机发放,共回

收问卷 178 份,其中有效问卷 165 份,有效率达 92.7%。问卷调查时间为 2020
年 11 月和 12 月。

此部分将依据调研问卷设计的维度,逐一解读样本的个人信息、基本认知、
实施现状、开展意愿及其原因、价值认同以及专业支持,并根据其中反映出的问
题,探究有针对性的策略。

一、个人信息

受调查教师的个人信息主要包括教龄(图3-1)和所在学校的类型(图3-2)。

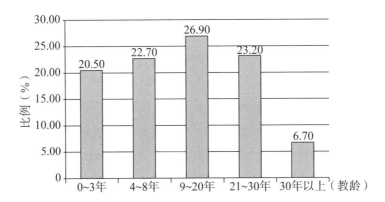

图 3-1 受调查的高中生物学教师的教龄分布比例

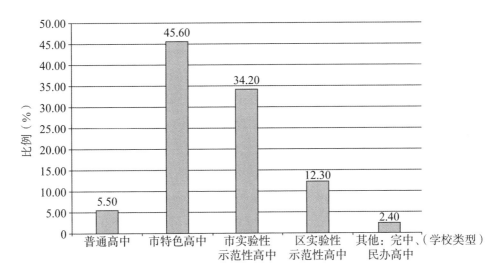

图 3-2 受调查的高中生物学教师所在学校类型占比

教龄方面,90%以上的教师的教学经验在 30 年以下,其中 0～3 年(95 后)、4～8 年(90 后)、9～20 年(80 后)以及 21～30 年(70 后)教龄的教师比例差别不大,均在 20%以上,教龄超过 30 年(60 后)的教师比例较低,占 6.70%。

数据显示,受访最多的教师来自上海市特色高中,市级、区级实验性示范性高中的教师之和为 46.50%,大体与之相当。来自一般高中的教师比例只有 7.90%,而在全市范围内,一般高中的占比为 37.60%。但这些学校大部分规模很小,教师配比数也少,所以从问卷现有的数据看,被调查教师的比例与全市教师在各类学校的占比基本一致。

二、对项目化学习的基本认知

此维度将从上海市高中生物学教师对项目化学习的了解程度,以及个人理解两方面解读调研结果。

1. 对项目化学习的了解程度

问卷结果显示,38.12%的教师"非常了解且能清楚地解释"项目化学习;32.18%的教师对项目化学习"有所了解且能给出笼统的解释";25.36%的教师"听说过项目化学习,但不清楚具体内容";"完全不知道"的教师只有 4.34%。约 95.66%的教师对项目化学习有所耳闻,但了解的程度却不一样。不同教龄和来自不同类型学校的教师对项目化学习的了解程度不同,但均体现出一定规律。

教龄不同,教师对项目化学习的了解程度不同。教龄与了解程度呈负相关(图 3-3)。教龄超过 30 年的教师"非常了解"项目化学习的占比最少,只有 17.50%,"完全不知道"的比例达 10.20%,反映出老教师可能年事已高,没有过多时间与精力投入到项目化学习的开展中,且多数面临退休,主观上可能对新事物缺乏了解的兴趣和尝试的动力。教龄在 4～8 年的教师,相对于新入职的教师,可能业务更熟练,经验更丰富,有更多的时间学习且更愿意尝试新理念和教学方式,因此"非常了解"的教师比例最高,且没有"完全不知道"的。值得一提的是,作为大多数学校的中坚力量(教龄 9～20 年)的教师,专业素养应该是非常过硬的,但遗憾的是,这一群体中依然有 5.60%的比例对项目化学习"完全不知道",推测可能与过于专注于传统的教材、教法和学业成绩有关,且人到中年,来自社会、家庭、生活等各方的压力逐渐加大,无暇顾及新的教学方式的应用,或者知道这种学习方式但未给予足够关注。

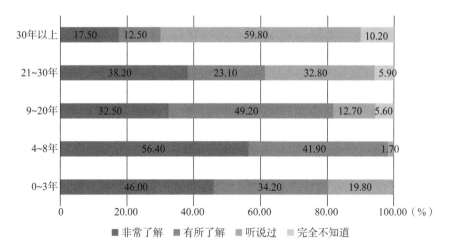

图 3 - 3　不同教龄教师对项目化学习的了解程度

学校不同,教师对项目化学习的了解程度亦不同。从普通高中、区实验性示范性高中、市特色高中到市实验性示范性高中,"非常了解"且能清楚解释项目化学习的教师比例在逐渐增加,可见随着学校的教学定位、学生的素养水平的上升,教师对项目化学习乃至其他新兴教学模式的认知程度呈上升趋势。令人欣喜的是,完中和民办高中的教师对项目化学习"非常了解"的比例是最高的,推测原因有两点:(1)学生学业知识与能力水平的欠缺反而成为助推教师成长的客观因素,教师需要交叉运用多种教学手段吸引学生的注意力,以提升教学效率;(2)这些学校师资流动性相对比较大,新入职的青年教师为新的教学手段的应用注入了新的活力与实施的可能(图 3 - 4)。

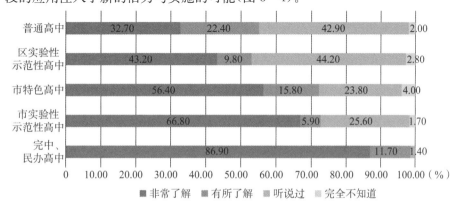

图 3 - 4　不同学校教师对项目化学习的了解程度

2. 对项目化学习的理解程度

在具体调查教师们对项目化学习的认知过程中发现,当提到项目化学习,教师最先联想到的关键词出现的频次依次为"真实情境""驱动性问题""项目成果演示""跨学科学习""高阶思维""全程评价"(图 3-5)。"真实情境"出现频次最多的原因可能与当前课改提倡创设真实情境,通过驱动性问题落实核心素养有关,教师对真实情境的熟悉度最高。"高阶思维"占比较低的原因可能是平时教学过程中的培养目标以核心知识与素养为主,对高阶思维缺乏深入了解。"全程评价"难度大、实施难,缺少可参考的评价量规,因此排序居最后。

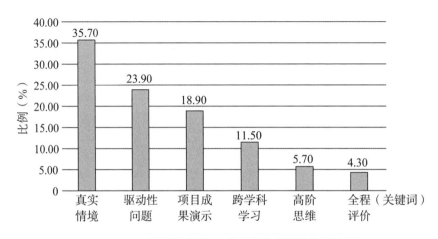

图 3-5 对于项目化学习,教师最先联想到的关键词

三、所在学校项目化学习的实施现状

1. 理论培训与教学实践现状

关于理论培训时长,通过统计发现,全体样本的平均培训时长为 5.0 小时,中位数为 0 小时。培训时长在不同类别的学校之间存在差别,由多至少依次为市实验性示范性高中、区实验性示范性高中、市特色高中、普通高中、民办高中和完中。

关于教学实践现状,教学设计数量的全体样本的平均数量为 0.8 个、中位数为 0 个;实施次数的全体样本平均次数为 0.5 次,中位数为 0 次。这两份数据在不同类型的学校存在差别,由多至少依次为市实验性示范性高中、区实验性示范性高中、市特色高中、普通高中、民办高中和完中。

中位数是数据集的中间值,当所有数据从小到大排序时,中位数位于第

50%的位置。中位数为0,意味着在全体样本中,超过一半的教师报告了0 h培训时长、0个教学设计和0次项目实施,反映了数据分布的右偏态特征,即平均值被少数高值样本拉高,表明项目化学习的推广不均衡且尚未普及,大多数学校尚未开展相关实践。通过对培训时长、教学设计个数、实施次数的统计,不难看出,项目化学习在实际推进中存在困难。虽然有些教师参加过长达5小时的理论培训,但并不意味着学校一定会开展相关的活动,或者自己有参与其中的机会。如何让理论与实践真正联结,由参与培训的教师落实项目化学习,是值得学校的领导层思考的问题。

2. 高中生物学项目化学习实践案例

在征集项目化学习案例时发现,生物学教师主导的项目化学习类型可以分为课本中的生物学学科的项目化学习(15个)、生活中的项目化学习(17个)、科研类的项目化学习(8个)三类(表3-2)。

表3-2　项目化学习案例汇总

主题	案例名称
课本中的 生物学学科的 项目化学习	植物"身上"的色素
	公众对红绿色盲的认知调查
	滴胶中的微观世界
	植物精油香皂的制作与加工
	植物燃料的开发工艺
	生活中的"酶"
	比较"有丝分裂"与"减数分裂"的异同
	森林生态系统的模拟搭建
	低温诱导植物细胞染色体数目变化的观察
	豌豆种子的萌发过程记录
	DNA分子的提取与模型制作
	叶绿体色素的提取与分离实验的改进
	透析膜的特性观察实验
	穿越到四亿年前的地球
	土壤中自生固氮菌的分离与纯化

（续表）

主题	案例名称
生活中的 项目化学习	厨余垃圾的处理
	校园绿化
	我的家园——滴水湖
	"智能生态鱼缸"的制作与养护
	草木灰染料的加工与制作
	校园屋顶的"小菜园"
	瑞金路上自然微景观的构建
	校园中的"一草一木"
	校园的鱼塘生态建设
	小小身材、大大作为——可爱的苔藓世界
	自制面膜的方法与功效比较
	"落叶生根"生长周期的观察
	真假蜂蜜的鉴别方法比较
	中国饮食的南北差异
	造一座心目中理想的房子
	用微生物做一幅美丽的画
	干花的制作与装饰
科研类的 项目化学习	河水污染的情况调查
	重金属铜离子对大蒜根尖的影响的研究
	音乐对高中生脑电波的影响的研究
	花生衣对高血糖小鼠的影响的研究
	苔藓植物的保水作用研究
	染发剂对小鼠皮肤的影响的研究
	噪声对小鼠记忆功能的影响
	探究 CO_2 浓度对非洲雏菊花期的影响

　　不同主题的项目化学习教学案例的数量存在差别。可以看到,从生活中的场景里开发出的富含生物学特色、兼具跨学科特点的项目化学习活动数量最多,体现了课例的情境化,学生参与的积极性大大提升,亲身体验感增强,参与

度高,有效地收集、处理、分析信息并创新性解决问题的高阶认知和生物学学科核心素养也随之提升。另外,与教材内容密切相关的项目化学习活动的数量也较多,这体现了教师具备对教材内容的二次加工与整理的能力,在熟悉基本概念的基础上,开发出了旨在提高学生生物学学科核心素养的项目化学习的活动。科研类的项目化学习数量最少,只有 8 个,通过分析可知这部分内容对教师自身的专业素养要求较高,需要教师具备一定的科研指导能力,且对活动的场地和设备有一定的要求,若解决上述问题,教师加强校际合作交流,可能更利于推广应用。

四、项目化学习的开展意愿及原因

此维度分析的是开展项目化学习的三种意愿及其对应的影响因素。调查发现,64.90％的教师开展项目化学习的"意愿高",15.50％的教师对项目化学习的开展持"无所谓"的态度,19.60％的教师"意愿低",说明约有 2/3 的教师愿意开展项目化学习,但仍有约 1/3 的教师态度消极。我们将此比例与教龄进行比对分析,发现了如图 3-6 所示的规律。

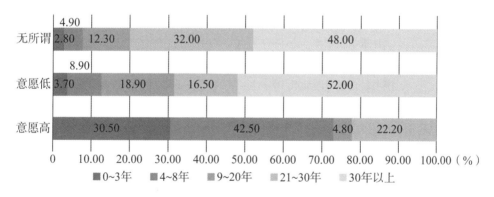

图 3-6　开展项目化学习的意愿高低与教龄关系图

数据显示,30 年以上教龄的教师往往对开展项目化学习持否定的态度,而"意愿高"的教师的教龄多在 10 年内,这部分教师的年龄大多在 35 岁以下,说明青年教师对于新事物的接纳程度高,并愿意用之来改善教学,激发学生的学习兴趣,他们是教师队伍中的新兴力量。教龄在 21～30 年的教师多为"摇摆不定派",推测这部分教师的职业生涯已经进入一个平稳过渡期,职称、家庭、经济、心境等较为稳定和成熟,不会轻易改变自身的状况,所以多持观望态度。但这些教师专业技能扎实、教学经验丰富,具有很大的带领学生进行项目化学习的潜力。提示学校可以采取一定的策略提高这部分教师的意愿。

1. 开展项目化学习的意愿高的原因及实施载体

在关于意愿高的原因的调查中,可以把选项按内容划分为项目化学习的育人价值(A、B)、外部支持(C、D、E)和个人现实利益(F、G)三部分(图3-7)。

愿意开展项目化学习的生物学教师中,一致同意项目化学习之于课程改革、培养学生核心素养的育人价值。同时,学校层面的支持与鼓励也是重要的促进因素,这一点是教师最主要的开展动力。

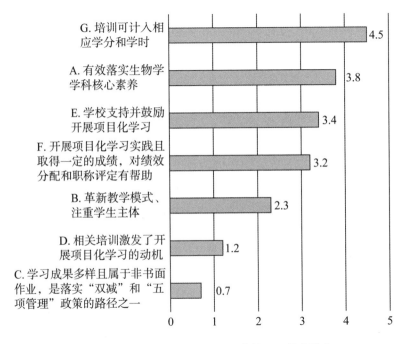

图3-7 开展项目化学习的意愿高的原因得分排序

得分最高的选项是"培训可计入相应学分和学时",可以看出,对待项目化学习,教师们希望教育部门能为教师专业发展提供制度保障,系统化、规模化地推动教师掌握PBL教学法。但"有效落实生物学学科核心素养"这一选项排名第二,说明教师认可项目化学习具有较好的育人价值。另外,教师也十分看重学校管理层的导向,"学校支持并鼓励开展项目化学习"得分排名第三。学校一方面可以将个人的现实利益作为辅助的奖励措施,激励教师开展项目化学习,也可以加强有关项目化学习的举措,为教师能力的发挥创设良好的平台。

另外,有25位教师补充了愿意开展项目化学习的其他原因。其中4位教师的回答简单,仅用"喜欢""好玩"等主观词汇表示,推测这些教师填涂答卷时过于随意。其余 21 个回答大致可以分为学生、教师、课堂和学校管理四个层面。在学生层面,通过项目化学习更有利于引导学生思考、提高学习主动性,培养和提升学生综合能力。在教师层面,可以通过教研活动更好地提升教师教学能力,拓宽视野、与时俱进。在课堂层面,项目化学习作为一种创新型教学模式,能提升课堂质量和效率,使课堂更加生动有趣,同时实现学科的育人价值。在学校管理层面,学校方面的大力支持,鼓励教师接受培训和学习,进行项目化学习的教学实践也是一种外部驱动力。

关于项目化学习的实施载体,综合实践活动、学科教学、跨学科教学分别得到了 60.80%、53.20%、42.70%教师的青睐。由此看出,教师们更偏向将项目化学习作为课堂教学的补充放置在综合实践活动中,而最能体现项目化学习核心理念和此次课程改革的跨学科教学却没得到应有的关注度。

2. 开展项目化学习的意愿低的原因

在关于意愿低的原因的调查中,可以把选项按内容划分为外部支持(A、E、F)、对学生的影响(B、C、D)和个人现实利益(G)三部分(图 3-8)。

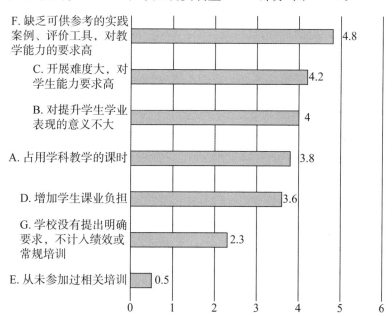

图 3-8　开展项目化学习的意愿低的原因得分排序

在这一教师群体中,普遍认为"缺乏可供参考的实践案例、评价工具,对教学能力的要求高"阻碍了他们开展项目化学习活动。可见,优秀案例等资源缺乏,或者是不能接触到与学情相契合的适切案例,或者是不能从现有资源出发,自行设计案例成为他们的"绊脚石",因此,亟需对教师进行项目化学习的设计能力和实施策略的培训。另外,教师比较看重的是对学生的影响,说明教师能从学生的长远发展来看待这一问题,体现了教师对学生的关注。还有相当数量的教师认为"对提升学生学业表现的意义不大",这似乎与"从未参加过相关培训"的选项得分最低相矛盾,即从理论上已经学习过项目化学习之于学生的价值,但思想上又否定这一价值,提示教师可能在参训的时候流于形式,没有深入思考,需要采取更为有效的培训手段促进教师对于相关内容的学习。

另外,有 14 位教师补充了较少开展项目化学习的其他原因,从中筛选出 13 个有效选项。主要可以分为学生、教师、课堂和学校四个层面。在学生层面,学生认知水平不够,项目化学习对学生而言有一定难度。在教师层面,部分教师年龄大、精力有限,也有部分新教师入职时间较短,对于项目化学习不够了解,还有部分教师对项目化学习的兴趣和价值认同度不高。在课堂层面,很多教师由于教学课时紧张、日常工作量大,且没有现成资料可参考,实施过程复杂而放弃。在学校层面,部分学校的硬件条件不足以支持师生开展项目化学习。

3. 开展项目化学习的意愿升高的假设条件

在关于意愿升高的假设条件的调查中,可以把选项按内容划分为项目化学习的育人价值(A)、外部支持(B、D、E、F、G)和对学生的要求(C)三部分(图 3-9)。

从图 3-9 中可以看出,缺乏外部专业支持、课时受限和学生能力不够高是阻碍这部分教师实施项目化学习的主要原因。(由于选择意愿低的样本量过少,不具备统计学意义,因此不再加以分析。)

另外,有 9 位教师补充了其他理想条件,从中筛选出 9 个有效选项,主要可以分为外部环境和内部驱动力两个层面。在外部环境层面,若学校提供教研培训,或组建教师合作共同体,同时得到贴合学情、与实事紧密结合且有趣的素材,教师会更愿意开展项目化学习。在内部驱动力层面,实现自我价值提升,以及获得奖励和荣誉也是提升意愿的途径。

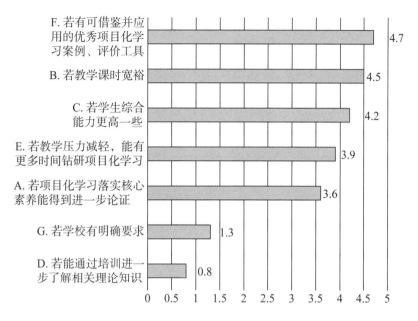

图 3 - 9　开展项目化学习的意愿升高的假设条件得分排序

五、对项目化学习的价值认识

此维度分别从教师素养、学生素养、生物学课堂教学三方面调查了上海市高中生物学教师对项目化学习的价值认同。

1. 对提升教师素养的价值

总体来说,教师认为采用项目化学习的教学模式能全面提升教师素养,最为认可的是能提升"做中学"的教学能力,排名第四的终身学习的意识和能力的平均分也达到了 3.2(图 3 - 10)。

2. 对培育学生素养的价值

总体来看,相较于传统的教学方法,教师认为开展项目化学习能显著提升学生的跨学科学习的能力、创造性解决问题的能力、沟通与合作的能力和运用信息技术、学科工具的能力,对提升程度评分的均值在 3.5 以上;认为对批判性思维和学业成绩的提升效果较弱(图 3 - 11),这可能与目前国内欠缺对项目化学习价值的实证研究的现状有关,并且相关研究的重点更多是落实素养的意义,对结果性评价——成绩的关注较少,这也与当前国家课改的方向要求一致,即从知识本位到素养本位的转换。

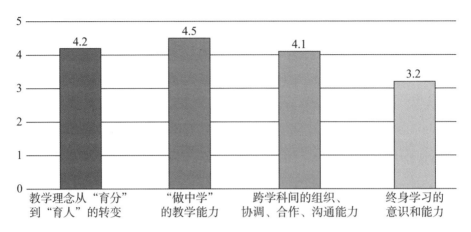

图 3-10　教师对项目化学习之于教师素养价值的认可度评分

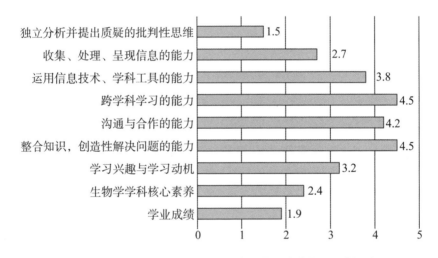

图 3-11　教师对项目化学习之于学生素养价值的认可度评分

3. 对助力生物学课堂教学改革的价值

总体而言,教师认为将项目化学习引进生物学课堂的最大优势是在真实情境中学习对生活有用的生物学知识,有 80.70% 的教师将其排在了第一位,其他优势依次是通过驱动性问题提高学生对生物学学科的兴趣、加深对生物学学科核心概念的理解、在项目进程中培养核心素养的教学模式。在"其他"栏里,也有教师认为活跃了课堂气氛、增强了理论与实践结合的机率等(图 3-12),能说明教师对项目化学习助力生物学课堂教学充满了信心。

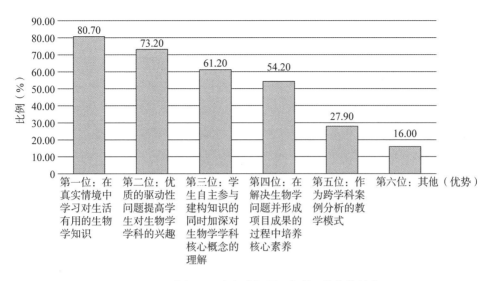

图 3－12 教师对课堂中进行项目化学习的优势排名

六、开展项目化学习所需的专业支持

此维度从教师开展项目化学习所需的支持类型,以及培训的内容、过程和方法调查教师的真实需求。调查采用了排序题的形式,每个选项的得分反映了该选项的综合排名情况,得分越高表示排序越靠前,意味着教师对这方面的需求越高。

计算方法为:综合得分＝($\sum$ 频数×权值)/本题有效样本量。

1. 教师需要的支持和帮助类型

为了增强教师指导学生开展项目化学习的能力,此部分调查了教师所需的支持和帮助类型,主要分为社会资源互通共享,市、区级教研培训,学校大力支持(图 3－13)。总体而言,目前教师最需要有关项目化学习的参考用书的支持来开展项目化学习,其次是市、区级专家团队的持续指导,以及学校层面的项目化学习实施方案,由此可知,教师还是需要理论的支撑与实践的结合,双管齐下,并且在实施过程中,由专家全程指导,这样,教师的项目化学习实践能力才会得到迅速提升。

2. 教师需要的培训内容

数据显示,在项目化学习方面,教师需要专业化的指导和培训(图 3－14)。

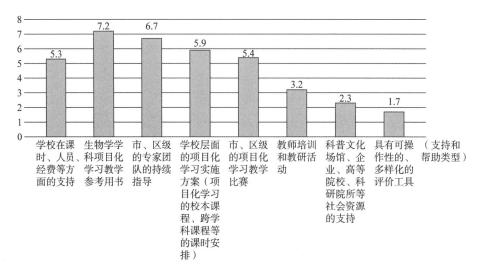

图 3-13 教师对需要的支持和帮助类型评分

其中,设计思路和方法指导需求量最大,而有关项目化学习的理论知识需求量最小,这个结果看似矛盾,因为二者同属于理论层面,但设计思路和方法指导偏重于理论的落地,更加接地气,同样,项目化学习的教学参考资源库、成果展示会、交流论坛等学习平台也是可以被教师直接"拿来"用的。这也反映出教师对于培训内容更加讲求务实精神。

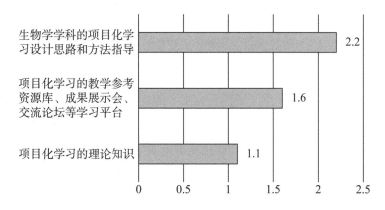

图 3-14 教师需要的培训内容得分

3.教师期待的培训过程和方法

鉴于教师对项目化学习培训的迫切需求,调查了教师期待的培训过程和方法,选项以实践类为主(图 3-15)。总体而言,教师们最希望定期到项目化学习特色校开展教研活动,进行从教学设计到教学实施的浸润式学习;其次是利用科普场馆、企业、高等院校等社会资源,参观学习,加强"馆校"联合互动,参与项目设计,在实践中进步。可见,教师对具有直接指导性且参与性强的培训过程和方法表现出了更强的意愿,以期在模仿中入门,在实践中建构项目化学习框架。但教师对于开设公开课的意愿较低,这可能源于开设公开课需要投入的精力和时间成本较大,周期长,身心需要长久的磨合,致使教师有了一定的抵触情绪。

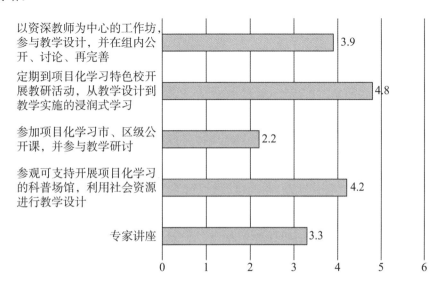

图 3-15　教师期待的培训过程和方法得分

教师们在补充的建议中提到,为了促进项目化学习得到进一步落实和实施,真正走进课堂,一方面希望得到更多来自校方、专家的专业支持,另一方面希望能够有更多有生物学学科针对性的案例可参考,同时实行奖励机制和绩效考核,助推项目化学习的实施。

第三节　调研小结

根据以上问卷分析中发现的规律、呈现的问题,此部分将从项目化学习开展的条件、关键问题和保障措施三个方面进行总结,为后续研究聚焦方向,提出针对性的策略。

一、项目化学习开展的条件

1. 影响开展的外部因素

调研结果显示，目前教师所需要有关项目化学习的外部条件依次排序为：(1)参考用书；(2)市、区级专家团队的持续指导；(3)学校层面的项目化实施方案。由此可知，教师需要的是理论的支撑与实践的结合，双管齐下，在实施过程中，最好专家可以全程指导，这样，教师的项目化学习实践能力才会得到迅速提升。

其中，教师更加需要的是接地气、可推广、可复制的设计思路和方法指导，项目化学习的教学参考资源库、成果展示会、交流论坛等学习平台也可以被教师直接"拿来"用。这也反映出教师对于培训内容需求的务实精神。

教师们还希望定期到项目化学习特色校开展教研活动，进行从教学设计到教学实施的浸润式学习，然后是利用科普场馆、企业、高等院校等社会资源，参观学习，加强"馆校"联合互动，参与项目设计，在实践中进步。可见，教师对于具有直接指导性且参与性强的培训过程和方法表现出了更强的意愿，期望在模仿中入门，在实践中建构项目化学习框架。但教师对于开设公开课的意愿较低，这可能源于开设公开课需要投入的精力和时间成本较大，周期长，身心需要长久的磨合，致使教师有了一定的抵触情绪。

2. 影响开展的内在因素

总体来看，教龄在 30 年以下的受访生物学教师中超过九成对项目化学习有所了解，但程度不同。一般来说，教龄与了解程度呈负相关，且与教师所在的学校有关联。尤其是市实验性示范性高中的"90 后"教师群体(94.40%)了解程度最高，且愿意在教学实践中开展项目化学习以培育学生的核心素养。他们是活跃在各个学校的中青年教师群体，有着职业热情和干劲，希望运用多样的教学手段促进学生的全面发展，也希望提升自身的业务水平，为个人的职业生涯增加发展的筹码。无论开展项目化学习的意愿高或低，教师们基本一致认同项目化学习在"双新"素养导向下的育人价值，认同在学校教育中生物学学科的独特价值在于育人，在于学生全面而有个性的发展，在于应对复杂情境所应具备的适应未来社会的素养，而不在于对学科知识的识记。

教师认为将项目化学习引进生物学课堂的最大优势是在真实情境中学习对生活有用的生物学知识,有80.70％的教师将其排在了第一位,其他依次是通过驱动性问题提高学生对生物学学科的兴趣、加深对生物学学科核心概念的理解、在项目进程中培养核心素养的教学模式。通过调查发现,也有教师认为开展项目化学习活跃了课堂气氛、增强了理论与实践结合的概率等,这也能说明教师对项目化学习助力生物学课堂的教学充满了信心。

调研结果也显示,在各方条件允许的条件下,原本持中立态度的教师(35.10％)大多也愿意开展项目化学习。这说明阻碍项目化学习在学校开展的外界客观因素是主要的"绊脚石",清除了这些外在的不良因素后,可以营造出教师欣于接受、乐于开展的红火局面。

二、项目化学习开展的关键问题

1. 案例的设计无从下手

设计高质量项目化学习方案的前提是掌握其设计策略,但受限于平均数为5.0小时、中位数为0小时的培训时长,大部分教师对项目化学习的认知处于模棱两可的状况,理论知识生疏、核心要素模糊、实践步骤陌生,而这又与教师进行项目化学习意愿高相矛盾。内心极度渴望,但"心有余而力不足"的状态让不少教师止步不前。分析原因,推测是理论与每位教师的实际缺少衔接的桥梁,教师很难将从专家那里获取的"真枪实弹",马上用于实践层面。因此,为生物学教师提供一个合理的、可操作的、基于生物学学科属性的项目化学习方案的策略归纳尤为重要,以利于高效提升教师的项目设计能力。

2. 案例的实施缺少抓手

关于项目化学习的实施载体,综合实践活动、学科教学、跨学科教学分别得到了60.80％、53.20％、42.70％教师的青睐。由此看出,教师们更偏向将项目化学习作为课堂教学的补充,而最能体现项目化学习核心理念和此次课程改革的跨学科教学却没得到应有的关注度。

没有优秀的案例设计作为支撑,实施更是无从谈起。"另起炉灶"不如"顺势而为",教师们深知开发一则课例或是一门课程的难度,索性结合已有的资料,将校本课程中的"拓展型课程"和"研究型课程"稍加改装,换个亮相的方式"重新登场",但这样包装出来的项目化课程是不伦不类的,学生的核心素养可能有所培养,但无从知晓真正的学习是否发生,到头来,教师还是不能对项目化学习做到深入的理解。

另外,跨学科一般有两种情况:一种是教师自身具有高深的专业素养,精通各个学科领域,并能随意地将它们融合归整,设计、开发案例,但这对高中教师的个人能力要求太高,难以实现;另一种是联合校内或区内的多门学科教师,讨论研发跨学科视域下的项目化学习,这个方便可行,但在实际操作中,又因课时安排、教学进度、个人因素等很难集中作深入的研讨。这些都是在实际中会遇到并需要解决的问题。

因此,教师迫切需要知晓在跨学科的视角下,开展项目化学习的策略技巧和具体的实施路径。本研究对此方面也做了探讨,整理出可以让教师上手的框架模式,方便轻松"拓印"和拓展。

三、项目化学习开展的保障措施

1. 需要更新硬件设施

调研结果显示,来自不同学校的项目化学习教学案例的数量存在差别。从生活中的场景里开发出的项目化学习活动数量最多,其次是与教材内容密切相关的项目化学习活动,而科研类的项目化学习活动数量最少,只有 8 个。目前越来越多的教师是来自高等院校的研究生,本身具备一定的科研能力,但"巧妇难为无米之炊",医术再精湛的医生离开了医疗器械,那也是寸步难行的。部分教师在问卷中也反映高中的设备与大学等科研院所存在巨大差距,科研类的项目化学习难以顺利开展。退而求其次可以吗? 利用现有的仪器设备,就地开发相关案例可行吗? 可以,但难度很大,需要丰富的经验和实践的反复打磨,而这会在一定程度上挫败教师的积极性和学生的参与性。联系科研院所可以吗?这需要经费的支持与对接人员。这又是一个新的问题。所以,重重问题阻碍了科研类项目化学习的开展实施,如何"因地制宜"地"量体裁衣",打造富有本土本校、本学科特色的跨学科项目化学习是值得我们深思的新课题。

2. 需要建立有效的管理激励机制

总体来看,受访生物学教师反映项目化学习培训匮乏,教研资源分配不均,相对集中在市、区级实验性示范性高中,有 10.00% 左右的教师从没参加过相关培训。调研结果表明,各类型的教研培训是推广项目化学习的有效途径,以实践为主的专家指导、集体教研、案例资源库等，以及学校的支持与鼓励也是重要的因素，应注意优化开展项目化学习的教学环境，为教师提升项目化学习实践能力提供制度保障。另外，调研发现，获得奖励和荣誉也是提高意愿的方法之一。学校管理者在推广项目化学习中起着重要作用，[1]学校的重视能有效传导给教师，教师在必要的支持和激励下将主动尝试项目化学习。

教师们在补充的建议中提到，为了促进项目化学习得到进一步落实和实施，真正走进课堂，希望得到更多来自校方、来自专家的专业支持，也希望能够有更多有生物学学科针对性的案例可参考，同时实行奖励机制和绩效考核，[2]助推项目化学习的实施。

3. 团队成员间的相互协作需要磨合

既然要跨学科开展项目化学习，团队就需要吸纳多学科教师来参与。由于团队成员具有不同的学科背景，可能导致在沟通时存在障碍，难以充分理解对方的观点和意图；也可能因工作时间、工作节奏、优先级设定等不同，导致协作中出现摩擦和冲突，因此，需要在活动中相互体谅。在跨学科团队中，每个成员都有其独特的专业知识和权威性。这可能导致在权力分配和角色界定方面存在争议，从而影响团队协作的效果。因此需要采取适当的策略和措施，克服上述障碍，实现跨学科团队的优势和潜力。

①　王梓霖.聚焦项目化学习，教师如何实现知识的迭代更新[J].教育家，2022(07)：16 - 17.
②　刘莉，文陈平，易娜，等.项目化学习视域下小学综合实践活动课程的创新实践——成师附小万科分校"综合实践活动课程"的校本实施[J].教育科学论坛，2022(11)：27 - 30.

第四章

跨学科视角下高中生物学项目化学习课外教学实践

课外案例一：小小身材　大大作为——
探究苔藓世界的项目化学习系列科学体验活动

一、方案提出的背景

我国教育部颁布的《普通高中课程方案(2017年版2020年修订)》指出,"普通高中的培养目标是进一步提升学生综合素质,着力发展核心素养,使学生具有理想信念和社会责任感,具有科学文化素养和终身学习能力,具有自主发展能力和沟通合作能力",而这些必须在教育教学实践中接受检验,不断完善。传统的高中课堂常以师生对话形式展开,往往存在对学生的关注度不够、教学方式单一、不能很好地遵循学生的发展规律等问题,不能完全满足学生的多元需求。那么高中教学还可以采取何种形式开展、如何开展以及利用什么资源、怎么评价才能促进学生全面而有个性的发展,为学生的终身发展奠定基础,是目前每一位一线教育工作者常常思考且迫切想要解决的问题。

在技术创新和科学发展突飞猛进的今天,AI＋、5G、STEM、创客等大行其道,人们更加关注培养学生的自主能力、创新能力,发展学生的核心素养,这些目标内在地要求教育体系要"以学习者为中心"加以组织,否则其实现就无从谈起。

"以学习者为中心"需要教育者从学习者学习与发展的内在规律出发组织教育活动,将学习者作为具有能动性的主体,而非对象化、物化的客体。学习的过程不是简单的知识累加和反复记忆,学习的场所也不应仅限于学校,学校以外或师生以外的经验和关系,也能极大地影响学习。传统的课程标准,针对的往往是学校场景,而与学习者的发展更为密切关联的其他环境(尤其是非正式学习环境①)中的课程实施,则少有涉及。非正式学习已经不能单纯视作一种补充性学习(Complementary Learning),它已成为一种十分重要的学习方式。然而目前,对于非正式学习的研究多集中在大学生、中小学教师等成人的职业培

---

① 通常指日常生活经验、博物馆、植物园、科学项目、互联网、电视广播等。

训和继续教育领域,对于中小学生这一主要的学习群体的非正式学习关注尚少。中小学生处在学习新知识、培养各种能力的关键阶段,非正式学习恰好可以作为课堂教育以外的补充形式,促进中小学生的全面发展和个性化发展,因而对中小学生的非正式学习进行相关研究迫在眉睫。作为衔接中等教育与高等教育的高中阶段,加强非正式环境中的学习显得尤为重要。

但大量冠以"非正式学习"的"科学探究"活动常把学生的探究过程简化为几个固定的技能性操作步骤,"提出问题""得出结论"等体现科学探究核心价值的重要环节由教师取代,或由教师多方暗示,学生表面得出"结论",一味追求"结果上的成功",至于论证和解释等需要学科高阶思维的过程甚是少见。

为满足时代对具有创新精神和实践能力的人才的需求,新课程改革强调课程以及课程资源的多元化。结合什么场景、开发什么课程目前已成为课程改革的焦点之一。围绕苔藓展开的活动设计作为我校长期坚持的课外实践项目,引起了我的思考。苔藓作为一种采取方便的环保植物越来越受到人们的重视和喜爱:以苔藓为主题的公园可以美化环境;苔藓能使沼泽陆地化,对环境变化有监测作用;苔藓能保持水土、涵养水源;有些苔藓能制成肥料、作为燃料用来发电;还有一些苔藓具有治疗皮肤病的药用功效;等等。

通过"小小身材,大大作为——探究苔藓世界的项目化学习系列科学体验活动",将学习的环境设置在校园、公园、社区等真实的情境中,使学生成为活动的中心,成为积极的活动者、探索者和知识的建构者,从而提升核心素养,提高综合运用知识解决实际问题的能力。学生不是单纯地对照教师开设的项目清单操练技能,而是自己发现问题,学会探究的过程与方法,勇于尝试、敢于批判、直面失败、乐享过程、勤于反思。活动侧重于以问题解决能力和设计思维培养为目标,激发学生天生的探究欲望和好奇的本性,在亲历探究过程中养成科学思维的习惯,形成积极的科学态度,发展终身学习及创新实践能力,充分体现"互动式""探究式""做中学"的理念。

学生通过这一系列体验活动,能认识到苔藓在生态系统中发挥的作用,理解人与自然是生命共同体,懂得环境为人类提供生命活动的物质基础,同时人类的生活和生产活动也以各种形式不断地对环境施加影响;意识到生态安全的重要性,树立和践行"绿水青山就是金山银山"的理念,形成生态意识;参与环境保护实践,主动向他人宣传关爱自然、关爱生命的观念和知识;养成环境友好的道德行为习惯,珍视和热爱自然环境,建立有利于生态安全的生活方式(图 4-1)。

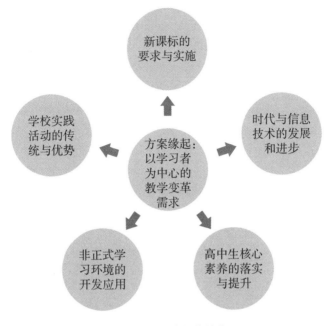

图 4-1　方案缘起的结构图

二、培养目标和组织形式

1. 培育"专家学习者"

每一位学习者的兴趣、爱好和认知程度的差异导致了诉求的多样化和独特性,个体因"有所长"和"有所短",很难适应传统教育中的"一刀切""齐步走"的模式。在以苔藓为主题的项目活动中,邀请高校专家参与高中生的探究活动,给予指导并提供相关学习资源;依托信息化技术的深度介入,尊重、呵护每位学习者的独特性与差异性,为学习者提供充分、多样、有弹性的选择。学生的多样化诉求被满足,学生有兴趣培养某一项"专长",如同一名专家一样从事科学探究活动,积极地投入学习、识别问题、调用知识技能、应用策略、反思过程等,最终成为学习的"自治"者。

2. 组建"学习共同体"

以学习小组为单位开展活动可以发挥团队的智慧,大家分工明确且有序高效,但"组长累得半死,组员乐得轻松"的情况也时有发生。为了让团队中的每一个人都享有同等的机会和资源,此次科学体验系列探究活动采用组建灵活的"学习共同体"的模式解决这一问题,即不设固定的小组和组长,所有人员组合都是临时随机抽取,原则上每位学生有机会担任1次组长,在每次活动中扮演的角色和承担的任务要"不尽相同"。采用这一模式意在最大限度地体现教育的公平性,做到让每一位成员都积极参与动手和动脑的活动,提升应用知识的能力,培养创新精神,增强自主学习的主观能动性,规范成员的行为,学习多维度思考,培养发散思维与创造力,培养团队协作的精神和领导力与执行力。

3. 关联"正式学习"与"非正式学习"

随着经济全球化格局的变化以及我国产业结构的不断调整,学校的功能已经难以满足教育发展的需要,校外的公共教育资源作为正规教育的有力补充能拓宽认知渠道,形成社会大课堂。本次活动联合社会力量共建优质的学习资源,加强与华东师范大学生命科学学院,华东师范大学苔藓标本馆,上海植物园,8个市区公园,周边社区,打浦桥街道,五里桥街道,世纪联华超市等场所的交流与互动,以馆校①联合等"非正式环境中的科学学习"来弥补"正式环境"课堂内的教学的缺憾,提升教育质量,使教学活动从"同质化"向"个性化"方向转变,也为学生进一步深造学习、面向社会、获得职业技能等奠定基础。

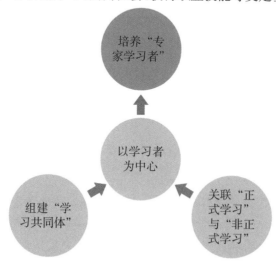

图4-2 活动培养目标和组织形式图

① 馆指的是博物馆、科技馆、档案馆、科普馆等校外具有教育功能的场馆,校指的是学校。

三、可行性分析

我校是上海市首批实验性示范性高中、上海市科技教育特色示范学校。一直以来,学校通过对基础型、拓展型、研究型三类课程的科学整合,努力为学生搭建学习、探究、体验、展示的平台,着力于培养学生的创新精神和实践能力,在"以科学教育的实验和探索为特色,以学生的发展为本,以教育科研为引领"办学思想的引导下,培养了一批批高素质的科技精英学生,他们在上海市乃至全国青少年科技创新大赛中屡获佳绩,多人次荣获上海市"明日科技之星"和"科技希望之星"称号。我校关于苔藓的研究项目和课题在学生中一直持续开展,先后得到了中国科学院上海植物研究所、华东师范大学、上海师范大学等院所的植物学家的悉心指导和帮助。2006届学生祝之瑞的课题"苔藓植物环境指示及生态功能的研究"曾获得全国青少年科技创新大赛优秀项目一等奖。在此基础上,经过多年的筹划和实践,探究苔藓世界系列科学体验活动应运而生,目的是吸引更多的学生主动参与其中,实现科学教育的全覆盖,让他们亲历提出问题、获取信息、寻找证据、检验假设、发现规律的过程,养成科学思维的习惯,形成积极的科学态度,发展终身学习及创新实践能力,体会探究的快乐。

四、方案的目标

1. 学会观察苔藓标本,了解苔藓物种的丰富性,能运用结构与功能、进化与适应的观念解释苔藓的多样性,在新的问题情境中解释生命现象,探究生命活动规律;通过探究组建苔藓微景观生态瓶,开展苔藓课题研究,深入理解生产者、消费者、分解者在生态平衡中所起的作用,建立起稳态与平衡、物质与能量的观念,能够将科学、技术、工程学和数学(STEM)知识和能力综合运用在实践活动中,解决生活中的实际问题。

2. 调查上海市区 8 所公园①中的苔藓,拍摄野生状态下的苔藓,设计、制作"上海市区公园苔藓图鉴";利用头条号、小视频等网络手段宣传苔藓微知识,加强运用信息技术的能力,加深对科学、技术、社会相互关系的认识;围绕苔藓展

---

① 　人民公园、复兴公园、徐家汇公园、鲁迅公园、蓬莱公园、绍兴公园、黄浦公园、闸北公园。

开课题研究,培养科学的思维方式,学会科学探究的一般步骤,尝试运用现代化的技术手段解决学习中的问题,发挥学生的自主能动性,改变学习方式,在体验的过程中养成良好的科学探索的习惯。

3. 亲历各种调查探究活动,感悟科学工作的艰辛和科学家严谨求实的科学态度,明白信息化技术对于提升学习效率的作用,形成人与自然和谐共处以及可持续发展的观念;在探究组建苔藓微景观生态瓶的过程中激发创造灵感,提升艺术欣赏水平,培养热爱自然、乐享生活的审美情趣;养成珍爱生命、维护生态平衡的行为习惯,积极参与绿色家庭、绿色学校、绿色社区等的建设行动,并能提出人与环境和谐共生的合理化建议。

五、方案的创新点

1. 充分体现"以学习者为中心"的理念,提升自主探究意识;发挥"学习共同体"的灵活优势,培养团队精神和领导力、执行力;关联"正式学习"与"非正式学习",优化组合社会教育资源;培育学生成为"专家学习者",养成科学思维的习惯;在过程中真正落实核心素养,发展学生的终身学习及创新实践能力。

2. 该实践活动推广性强:苔藓植物生存广泛,取材方便,容易引起学生的兴趣,调动其探究的积极性;建立头条号,作为对外宣传此次实践活动的窗口,可以让更多的人认识苔藓,参与到探究苔藓世界的活动中来。该实践活动普及性强:调查、实验的成本低,有集体和个人项目,可满足不同需求。该实践活动可持续性强:学生后续可以根据图鉴展开对苔藓的探索之旅,及时对图鉴进行纠错和补充,还可将范围扩大到其他地区,如郊区公园、学校、住宅区等;学生个体存在差异,会提出不同的问题,形成丰富多样的课题,继而持续深入研究,体验像科学家一样探索的历程。

3. 设计创意苔藓微景观生态瓶,激发创新意识,美化校园生活;拍摄上海市区公园苔藓照片集,开发、制作有关苔藓的图鉴,提升环保意识和社会责任感;利用头条号、微视频等网络媒介,加大宣传力度,扩展活动的辐射范围;应用传感器、分光光度计等多种技术手段,提升运用科技解决问题的能力;义卖宣讲,将筹款捐献给贫困地区儿童,助力慈善公益事业。

六、方案所涉及的对象、人数

活动对象:学校高一年级的学生,共计220余人。

七、方案的主体部分

1. 活动内容

本次活动包含3个模块,关键词分别是"发现——发现学习中的问题""探究——探究问题如何解决""体验——体验像科学家一样做研究"。每个模块又细化为3~4个主题,共有10个主题,每个主题既相互联系,又各自独立,相辅相成、逐级递进,充分体现"以学习者为中心"的理念,这是项目得以顺利开展的内驱力,教师的作用仅是引导、辅助。其间,依据学生的兴趣与特长适当调整个别主题的内容或次序,以满足学生的共同基础和多元发展需求,有助于学生进一步加深对苔藓、对自然的了解,拓展生命科学与技术视野,提高实践和探究能力(图4-3)。

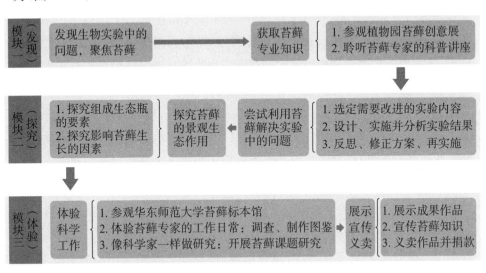

图4-3 "小小身材 大大作为——探究苔藓世界的项目化学习系列科学体验活动"流程图

模块一:发现学习中的问题

学生在进行生物学实验时发现,"探究植物细胞外界溶液浓度与质壁分离的关系"实验中所用的洋葱鳞叶表皮的细胞过大,不易撕取单层细胞,影响观察效果;"探究酶的高效性"实验中选用新鲜的猪肝匀浆作为过氧化氢酶的提取液,取材麻烦,不易保存;"叶绿体中色素的提取和分离"实验所需的新鲜菠菜采购于市场,受限于季节……"有没有更好的实验材料解决上述问题"成为大家思考的焦点。至此,苔藓进入了我们的视野,它具有明显的优势:叶片仅由单层细胞构成,可直接用于质壁分离实验;含有丰富的过氧化氢酶,稍加研磨即可使用;房前屋后,随用随取,四季皆有,全年常青。继而大家对苔藓产生了浓厚的兴趣,想要进一步了解这种"渺小"的植物,"小小身材　大大作为——探究苔藓世界的项目化学习系列科学体验活动"也由此展开。"工欲善其事,必先利其器",为了进行有深度、有思维的探究活动,学生认识到具备一定的专业知识是前提。在模块一中,首先组织学生参观上海植物园每年举办的苔藓创意展,通过观看、欣赏苔藓制成的各种作品,获得直观认识,激发探究欲望;再以"聆听科学、亲近大师"为主题,邀请华东师范大学的苔藓专家王幼芳教授和朱瑞良教授开设科普讲座,学生透过科学家的视角,站在巨人的肩膀上换个角度看苔藓,学习苔藓的基础知识。

模块二:探究问题如何解决

探究问题如何解决,如何更好地解决,是学生在模块二中探讨的主题。具备苔藓基础知识后,学生改用苔藓作为实验材料,观察现象与结果。教师提出问题:还可以怎样改进和拓展实验? 有些学生提出是否可以借助于相关的仪器定量测定,比较改进前后的差异,用科学数据论证改进的效果。教师在肯定学生的想法后,鼓励学生全方位获取信息,培养学生对信息的检索、综合及判断能力。比如,有学生提出利用传感器连接 TI 图形计算器,绘制出过氧化氢酶催化释放氧气随时间变化的曲线;有学生提出利用分光光度计定量测定苔藓在不同季节的色素含量,得到色素含量随温度变化的曲线;还有学生提出用专业软件测量原生质层面积的改变而不仅仅是长度的改变,来衡量质壁分离的程度……学生提出方案、展开实验、分析结果、讨论反思,再对实验方案进行调整,形成迭代思考。随着研究的深入,新的问题出现:苔藓在生态系统中扮演什么角色?起着什么作用? 模拟它的生存环境进行室内培育需要哪些条件? 随之开展苔藓正常生长条件的实验探究,摸索苔藓景观生态瓶的组成成分,探究其最适宜的外部影响因素如温度、湿度、光照等;养护生态瓶,将其作为我校宣传保护苔藓植物的重要作品,培养学生耐心和细致的品质。这一模块体现了以学生为主体的探究过程,目的在于培养学生严谨求实的科学态度,养成创造性思考的习惯。

模块三:体验像科学家一样做研究

纵使学生的性格、家庭背景等有差别,但每一位学习者都有资格并有潜质成为自身学习与发展的专家,教育要做的,是从一开始就为迥异的学习者寻找成为"专家学习者"的机会。模块三的内容就是创设平台,使学生成为"专家学习者",体验科学家的工作日常,学会像科学家一样开展研究活动,明晓在遇到困难时如何克服逆境继续前行。首先,学生参观华东师范大学苔藓标本馆,跟随苔藓专家的脚步观察、辨认苔藓,了解专业的苔藓采集、处理和鉴定知识,体会科研工作者是如何日积月累、持之以恒的;然后,在真实、复杂的情境中(校园、公园),应用所学开展实境考察,深化对基础知识的理解,了解苔藓专家科研工作的一般过程。对苔藓进行拍照、绘画并制作标本,开动脑筋、动手设计充满创意的苔藓植物图鉴,开创头条号,编辑推文和图片,拍摄小视频,借助网络平台宣传苔藓微知识。借助新兴的网络媒介,顺应社会文化的发展趋势,从当下青少年熟悉的潮流方式切入,提升学生独立思考、独立工作的能力,加强团队合作精神、环境保护意识和社会责任感。了解越多,学生的问题也越多,如:有些苔藓为什么生活在石头上?化工厂周边的苔藓种类为何偏少?苔藓为何喜欢阴湿环境?它们与水土保持有何关系?苔藓失水后不易腐烂,那么它有没有防腐功能?……问题如何转变成课题?学生受限于相关知识和研究思路,需要教师运用专业知识对其进行引导,启发他们发散思维、理清思路,像科学家一样开展研究。这是此次活动的关键。活动的最后环节是成果展示,学生收获满满,在校内、社区、街道、超市等公共场所设立"流动宣传站",陈列精美的苔藓景观生态瓶并开展义卖活动,所得钱款捐献贫困地区的失学儿童;向公众分发自制的上海市区公园苔藓图鉴,线下宣传苔藓对于保护城市生态的意义,提升公众对苔藓的认知程度,维护人与自然的和谐与统一的自觉性,增强自身的社会交际能力和口头表达能力。

2. 活动重点

(1)在一系列以苔藓为主题的活动中,充分体现"以学习者为中心"的理念,学生学习苔藓基础知识,主动发现学习中的问题,积极探究问题的解决方式,体验像科学家一样做研究。

(2)通过与校外场所交流互动,充分利用公共资源的教育功能,关联"正式学习环境"与"非正式学习环境",发挥学生特长,满足各类学生的需求。

（3）学生亲历探究过程,提升自主学习和科学探究的能力,体会技术手段的应用对发展批判性思维和逻辑推理能力的作用,逐渐完成认识自然、尊重自然、爱护自然的情感升华。

3. 活动难点

（1）学习苔藓基础分类学知识,设计、制作上海市区8所公园的苔藓图鉴。

（2）以"专家学习者"的身份开展有关苔藓的课题研究。

4. 活动场所

卢湾高级中学生物创新实验室、卢湾高级中学校园、华东师范大学校园（闵行校区、中山北路校区）、上海市区8所公园、上海植物园、华东师范大学生命科学学院、华东师范大学苔藓标本馆等。

5. 活动资料和器材

图书《苔藓图鉴》和苔藓科普视频。解剖镜、显微镜、放大镜、解剖针、小刀、牛皮纸、培养皿、各种传感器、分光光度计、TI图形计算器①等。

八、方案的实施

模块一:发现——发现学习中的问题

学生在进行生物学实验时发现,"探究植物细胞外界溶液浓度与质壁分离的关系"实验中所用的洋葱鳞叶表皮的细胞过大,不易撕取单层细胞,影响观察效果;"探究酶的高效性"实验中选用新鲜的猪肝匀浆作为过氧化氢酶的提取液,取材麻烦,不易保存;"叶绿体中色素的提取和分离"实验所需的新鲜菠菜采购于市场,受限于季节……"有没有更好的实验材料解决上述问题"成为大家思考的焦点,至此,苔藓进入了我们的视野。

1. 入项:参观上海植物园的苔藓创意展

目标:

（1）丰富苔藓专业知识,了解苔藓在生活中尤其是园艺方面的应用,开阔眼界、体会自然的神奇,感悟人与自然的和谐。

---

① 各种传感器、分光光度计、TI图形计算器可根据学校条件进行选择。TI图形计算器是一种既能计算又能作图的数学工具,具备数据分析系统等,可以直观地绘制各种图形,并进行动态演示、跟踪轨迹。

（2）通过馆校互动,拓宽学习渠道,体验"非正式环境"中的学习方式,激发学习、探究科学的兴趣。

（3）了解上海植物园的基本功能和工作内容,为今后的职业规划提供借鉴。

重点、难点:通过馆校互动拓宽学习渠道,体验"非正式环境"中的学习方式。

活动前的准备:邀请上海植物园苔藓专家章为平老师作讲解。

过程:

内容	教师行为	学生行为	说明
参观苔藓主题展览	组织学生参观苔藓主题展览。	欣赏苔藓之美,了解其在微景观中的应用,感悟人与苔藓、人与自然的和谐统一。	丰富苔藓专业知识,了解苔藓在生活中尤其是园艺方面的应用,开阔眼界,体会自然的神奇。
与专家面对面交流	组织专家与学生进行互动交流。	讨论、交流,就感兴趣的苔藓问题向专家请教。	鼓励学生发散思维、认真思考,接受专家专业化的指导和建议,为后续以苔藓为研究材料的课题的开展打下基础。
师生间的交流互动	启发学生思考问题:参观的意义和收获是什么?	讨论、交流,完成心得体会书写作业。	通过参观以苔藓为主题的实景展览获得感性认识,结合理论知识构想研究课题。

2. 初次接触科学家——聆听专家开设的科普讲座

目标:了解苔藓的一般知识,知道苔藓植物的基本结构特征和生长特点,了解科学家的日常工作内容与坚持不懈的探索精神。

重点:了解苔藓植物的基本知识。

难点:大致识别野外常见的苔藓种类。

活动前的准备:邀请著名的苔藓分类学专家、华东师范大学教授王幼芳作报告。

过程：

内容	教师行为	学生行为	说明
学习苔藓分类知识	组织学生聆听讲座。	认真听取并学习苔藓植物的形态特征与生长特点等专业知识。	专家的专业指导为后续进行上海市区 8 所公园苔藓植物的调查及图鉴的制作奠定了理论基础，学生也能感受科学家的日常工作的艰辛及为科学奉献的精神。
与专家面对面交流	组织学生与专家展开问答，进行交流互动。	讨论、交流，就自己感兴趣的苔藓问题向专家请教。	鼓励学生发散思维、认真思考，接受专家专业化的指导和建议，为后续以苔藓为研究材料的课题的开展打下基础。

模块二：探究——探究问题如何解决

3. 运用苔藓改进高中生物实验

目标：

（1）采集苔藓作为实验材料，改进实验手段，增强实验效果，摸索实验条件以达到最优化，激发创新意识和思维。

（2）通过实验，思考苔藓的其他应用价值，为后续提出以苔藓为研究对象的研究课题做准备。

重点：采用苔藓作为实验材料，改进实验手段，增强实验效果。

难点：实验改进方法的提出与实践。

活动前的准备：

（1）准备植物细胞质壁分离实验相关试剂①、探究酶的高效性实验相关仪器和试剂②、叶绿体中色素的提取与分离实验相关仪器和试剂③。

（2）选用：分光光度计、氧气传感器、TI 图形计算器、离心机。

---

① 10％蔗糖溶液、30％蔗糖溶液、清水。

② H_2O_2 溶液、$FeCl_3$ 溶液、研钵、杵。

③ 无水乙醇、层析液、石英砂、碳酸钙、毛细吸管、滤纸条、研钵、杵。

过程：

内容	教师行为	学生行为	说明
苔藓细胞质壁分离实验	协助学生完成实验。	选取苔藓叶片,制成临时装片,观察正常状态下的苔藓叶片细胞,再用引流法先后置于10％蔗糖溶液、30％蔗糖溶液中,观察质壁分离现象,最后置于清水中,观察质壁分离的复原。	教材中选用洋葱鳞叶外表皮,但不易撕取,材料会连带叶肉细胞,在显微镜下观察容易受到干扰。苔藓的叶片大多数是单层细胞,直接观察即可,但需要找寻到具有较大细胞的苔藓种类。
探究酶的高效性实验*	协助学生完成实验。	苔藓洗净,研磨成浆。取两支试管,分别注入等量的 H_2O_2 溶液,再分别滴加等量的 $FeCl_3$ 溶液和苔藓匀浆,观察实验现象。	教材中选用的是新鲜猪肝匀浆,该材料切碎研磨的过程烦琐,耗时长且不易保存,换用苔藓洗净研磨,操作简便,干净整洁,且效果对比明显。
苔藓叶绿体色素的提取与分离实验**	协助学生完成实验。	苔藓洗净,研磨成浆,过滤出色素混合液,毛细吸管吸取后在滤纸条上画细线,放置层析液中数分钟后,滤纸条上出现四条清晰的色素条带。	苔藓取材方便,但量少,需要耗费大量材料,所以这个实验用普通的改进方式不可取。

  * 如果条件允许,利用苔藓探究酶的高效性实验可以选用氧气传感器进行定量测定,分别改变底物 H_2O_2 的浓度、苔藓提取液即酶的含量、时间、温度等变量,检测 H_2O_2 酶的催化活力的变化规律,最后通过 TI 图形计算器输出相关曲线进行观察,更加清晰地认识酶的作用特点。

  **苔藓叶绿体色素的提取与分离实验可以选用分光光度计法定量测定。解决提取液过少的问题可以用稀释的方式,再根据4种色素的吸光值计算出它们的含量。

  4. 苔藓的景观生态作用
  目标：

  （1）通过探究苔藓微景观生态瓶的成分组成和苔藓的生长条件,深入理解生态系统中生产者、消费者和分解者的作用,体会生态系统通过实现物质循环、能量流动和信息传递进行自我调节,形成稳态与平衡观、物质与能量观。

(2) 通过探究生态瓶的成分组成和制作过程,培养手脑并用的实践能力和创新意识,激发创作灵感,提升审美情趣和艺术修养。

(3) 通过讨论问题的不同解决方式,发散思维,体验科学探究的严谨和务实。

重点:以"以学习者为中心"的探究方式解决问题。

难点:理解生态瓶中各组分的作用及探究影响苔藓正常生长的最佳条件组合。

活动前的准备:

(1) 准备温度计、湿度计、酸碱测试仪、光强检测仪、苔藓微景观生态瓶的制作视频、敞口玻璃瓶或其他容器、镊子、铲子、毛刷、剪刀、喷水器、彩砂、卵石、装饰玩偶。

(2) 选用:各种传感器、TI图形计算器。

过程:

内容	教师行为	学生行为	说明
生态瓶的由来	倾听,帮助学生寻找解决问题的办法。	提出问题:苔藓分布广泛,在生态系统中扮演什么角色?起什么作用?室内养殖需要哪些条件?	问题的产生源于对上海植物园的参观,有些学生尝试采来苔藓在家养殖,但总是变黄死去。他们希望通过自己的探究模拟出适宜苔藓生长的室内环境,进而对影响环境的指标进行测量,找寻最佳的组合方式。
问题的解决方式之一	充分肯定学生解决问题的办法。	查找文献,阅读书籍,了解苔藓的生态学知识和养护知识,发现常见养护知识被描述为"一定的湿度、适当的通风透气、适度的光照",缺乏定量的指标,决定开展实践研究。	教师应告知学生,文献研究往往是解决问题的最便捷途径,但如果文本信息缺乏相关论述、含义模糊或与实际不符,可以进一步采取实践探究来分析探讨。

（续表）

内容	教师行为	学生行为	说明
问题的解决方式之二	与学生一起观察并讨论。	网购苔藓生态瓶，观察并讨论：①这个是怎么做出来的？②苔藓能活多久？③苔藓的生长与什么因素有关？④它靠什么来维持瓶内的生态平衡？⑤用什么方式可以检测出平衡被打破？	施行"拿来主义"，有时通过分析现有的成品可以为探究过程节省大量的时间和精力，也可为后续开展研究工作打下基础和增强信心。
问题的解决方式之三	与学生一起分析并探讨。	理论结合实践，分析生态瓶中各个组分的功能，得出初步结论：生态系统一般由生产者、消费者、分解者组成。有时消费者并不是必需的，只要整个系统能够实现物质循环、能量流动和信息传递，就能进行自我调节。	知识的获取不仅仅是从教师到学生的单方向传输，还可以是师生一起探讨、学习、收获、成长。凸显"非正式学习"的优势，学生在观察、思考中建立稳态和平衡的观念。
问题的解决方式之四	指导学生完成方案设计、正确使用仪器。	讨论、设计实验方案并做预实验，借助各种测量仪器＊摸索影响苔藓生长的外界条件并定量测量出温度、湿度、光照、pH 的最佳组合方式。	"纸上得来终觉浅，绝知此事要躬行"，通过实践充分发挥"学习共同体"的团结协作优势，运用数学模型表征环境影响规律，体现 STEM 理念，尝试建模解决实际问题。
观看视频	播放制作生态瓶的过程视频。	观看视频，知道制作生态瓶的基本步骤。	通过视频快速了解制作微景观生态瓶的过程。

（续表）

内容	教师行为	学生行为	说明
制作苔藓微景观生态瓶	协助学生完成生态瓶的制作，要求美观和实用并重。	在容器中依次放入轻石、水苔、种植土，再将采集来的苔藓①用毛刷清理干净，放置在容器中，最后用小型玩偶、彩砂加以点缀、装饰。	教师需要尊重并激发学生的各种创意，除却技术性的指导，要尽量鼓励学生制作出具有新意和美感的作品。动手创新的过程充分体现 STEM 理念。
养护苔藓微景观生态瓶	指导学生掌握维护生态瓶相对稳定的日常护理方法。	将影响苔藓生长的外界条件的最佳组合应用于苔藓的养护过程。	通过养护过程，将探究的成果用于解决现实问题，学生感受科学技术带给生活的影响；体会探究成果在实践中的应用所带来的成就感和满足感；同时裨益身心健康，陶冶情操，树立环保理念，培养生活情趣。

* 温度计、湿度计、酸碱测试仪、光强检测仪等仪器购置方便，价格实惠，可用于检测瞬时的指标，利用这些仪器采集数据后，学生可依据时间自行绘制变化曲线，再对曲线进行数学统计和分析；也可以选择相关传感器，然后连接 TI 图形计算器，自动显现函数曲线和分析结果，培养学生的 STEM 理念和创意。

模块三：体验——体验像科学家一样做研究

5. 参观华东师范大学苔藓标本馆

目标：

（1）进一步学习苔藓专业知识，深入体验苔藓工作者的科研日常。

（2）通过与科研院所的互动，体会苔藓物种的丰富多样，渗透科学体验，获得"主动式探究"的研学机会和经验。

（3）注重培养起学习的"专长"，如专家一样积极地投入学习。

重点、难点：通过馆校互动，拓宽学习渠道，转变学习方式，渗透科学体验，获得"主动式探究"的研学机会和经验。

———————————

① 采集时要在同种苔藓大量生长的地方少量采集。绝对禁止将群落统统破坏掉的粗暴采集，培养学生尊重生命、爱护生命的科学素养。

活动前的准备:邀请华东师范大学苔藓标本馆馆长朱瑞良教授做讲座。

过程:

内容	教师行为	学生行为	说明
参观标本馆	组织学生参观苔藓标本馆。	感受苔藓物种的丰富多样,初步体会苔藓学家野外工作的艰辛。	苔藓专家的引领为学生打开了通往苔藓世界的大门。
校园辨认、采集苔藓	跟随专家、助教在校园里辨认、采集苔藓。	小刀采集、放大镜观察、标本袋包裹并做好标记。	在苔藓专家和相关专业的研究生的引领下,实地辨认校园中常见的苔藓种类,学习宝贵的野外工作经验,为后续的研究工作打下基础。
专家面对面	组织学生听专家讲座。	倾听讲座,记录要点,学习苔藓的专业分类常识。	体验苔藓专家的科研日常,接受专家专业化的指导和建议,为后续制作苔藓图鉴做准备。
实际操练苔藓鉴定	组织学生在生物实验室练习苔藓鉴定。	在显微镜下重新观察经过专家鉴定的苔藓标本,对照专业的苔藓检索书籍,加深对苔藓分类理解。	让学习成为一种主体性、个性化及专业化的体验活动,学生在此经历中获得学习能力的真正提升,学会学习,成为学习的"自治者"。

6. 体验科学家的工作(1)——调查上海市区 8 所公园的苔藓植物

目标:

(1) 走访上海市区 8 所公园,采集苔藓标本,调查苔藓植物的分布,培养户外动手实践的探索能力,感悟苔藓生命的奇妙。

(2) 通过小组成员相互协作展开调查,培养领导能力、协调能力和团队互助、克服困难的精神。

重点:采集苔藓标本,做好标本记录,培养严谨细心的实验态度。

难点:搜寻并采集生活在不同生境下的苔藓。

活动前的准备:

(1) 准备折叠好的牛皮纸标本袋、放大镜、小刀、公园地图、装有微距的手机。

(2) 以班级为单位选择好调查的公园,班级同学事先分成 5~6 个小组,每组 5～6 人。按照公园特点划分好区域,分派给不同的小组,每组选出组长 1 人,副组长 2 人,负责整体规划和路线及进度的掌控。

过程:

内容	教师行为	学生行为	说明
采集苔藓标本	组织学生开展户外苔藓采集。	分小组找寻苔藓群落,拍摄苔藓照片,采集苔藓标本,在标本袋上注明记录编号、采集时间、采集地点、海拔高度、生境(包括土生、石生和树生)等。	采集时要指导学生尽量选取有孢子体的标本,其次要将生长的基质一起采取 *。
整理苔藓标本	指导学生进行标本的简单处理和永久保存处理。	找一处阴凉通风的地方,打开标本袋,风干苔藓。	学习苔藓植物标本的一般处理方式和步骤,了解野外科研工作者的辛苦与坚持。

* 注意:采集时要在同种苔藓大量生长的地方少量采集。绝对禁止将群落统统破坏掉的粗暴采集。如果不小心一次采集过多,请预留出研究所需用量后将剩余的放回原处,再轻轻按压助其生长。

7. 体验科学家的工作(2)——观察显微镜下的苔藓

目标:

(1) 能根据提供的实验条件进行简单的实验设计,培养科学探究的能力、严谨细致的科学习惯和求知态度。

(2) 学会使用显微镜观察苔藓的“根”、茎、叶及其细胞排列方式,加强实验基本技能的锻炼与提升,学会对照参考资料图示初步判断苔藓的属名,培养自主获取新知的能力。

(3) 通过观察不同生境下的苔藓,形成结构与功能、进化与适应相统一的生命观念。

重点:学会制作苔藓植株的临时装片,运用显微镜观察苔藓的“根”、茎、叶及其细胞排列方式,了解显微结构下苔藓的分类依据。

难点:能根据提供的实验条件进行简单的实验设计。

活动前的准备：准备显微镜、刀片、解离液①、离心机、蒸馏水、《苔藓图鉴》书籍。

过程：

内容	教师行为	学生行为	说明
处理苔藓	提出问题：如何利用现有的工具和试剂处理实验材料，从而分别从个体、器官和细胞水平观察苔藓？指导学生制备苔藓的不同部位的临时装片。	讨论，结合已有知识设计如下实验方案：①　清洗苔藓，滴加清水，制成临时装片——个体水平。②　选取某个部位，用刀片徒手横切或纵切，制成临时装片——器官水平。③　选取某个部位，放置于解离液中 25 min，然后加蒸馏水重复 3 次离心，得到细胞混合液——细胞水平。	学生面对任务可能会束手无策，教师需要耐心引导学生先观察现有的工具和试剂，再启发学生思考它们的用途，最后制订解决方案，掌握科学探究的基本思路和方法，提高分析问题、设计实验和实施方案的实践能力。
观察苔藓	指导学生正确使用显微镜从个体、器官、细胞水平观察苔藓。	①　观察显微镜下苔藓植株的各个部分的特点。②　观察苔藓各个器官的横切或纵切结构特点。③　观察苔藓各个器官的组成细胞的特点。对上述观察结果进行简单分析。	通过制备不同的临时装片，体验动手操作探究的乐趣，激发了解自然、亲近自然的兴趣，享受问题成功解决后的喜悦。
对照专业书籍辨认苔藓	指导学生正确使用《苔藓图鉴》进行查阅。	查阅《苔藓图鉴》，并将标本与之对比，确认标本苔藓的属名，自主学习苔藓分类的基础知识。	初次接触苔藓分类学，教师要以肯定的态度激励学生，适时给予帮助和鼓励，充分体现"做中学"的教育理念。

————————————

①　铬酸（10%）：硝酸（10%）：蒸馏水＝1：1：1。

8. 体验科学家的工作(3)——制作上海市区 8 所公园的苔藓植物图鉴

目标:

(1) 对照专业书籍,学会对苔藓标本进行简单鉴定和分类,体会苔藓植物学家的工作日常,培养持之以恒的工作态度和科研精神。

(2) 尝试制作完成上海市区 8 所公园的苔藓植物图鉴,体会科研工作的成就感和自豪感。

重点:上海市区 8 所公园苔藓植物的图鉴的制作。

难点:苔藓标本的鉴定和整理。

活动前的准备:准备风干的苔藓标本、旧报纸、放大镜、解剖镜、解剖针、显微镜、显微成像软件、塑封机、实验记录本。

过程:

内容	教师行为	学生行为	说明
鉴定苔藓标本	指导学生正确鉴定苔藓标本。	先使用解剖镜观察,初步确定苔藓的科,再使用显微镜进一步观察,确认苔藓的属、种。	学生在鉴定的过程中会遇到很多困难,教师要耐心细致地帮助解决,使学生体会到物种的鉴定工作需要极大的耐心和细心。
制作苔藓标本	指导学生压制苔藓标本并塑封实体标本。	① 取出标本,清水浸泡,使其还原至自然状态。 ② 将标本放置在旧报纸之间,上面压上重物,等待报纸充分吸收水分至其干燥。 ③ 取出干燥标本,塑封。	苔藓标本能最大限度地保留其在自然环境下的状态,干燥处理后进行塑封可以使观看者欣赏到它的自然之美。
编写苔藓图鉴	指导学生完成苔藓植物图鉴的书稿工作。	以班级为单位编写 1 个公园的苔藓植物图鉴。小组长安排各成员分工协作,查找资料,撰写文字,编辑图片,班级负责的同学完成图鉴书稿的统筹。	通过编写,学会调查研究的一般方法,提升科研写作能力,培养团队合作的意识,分享动手实践调查带来的乐趣。

（续表）

内容	教师行为	学生行为	说明
展示评比	评选优秀图鉴作品。	按照评价表中的各项给作品打分。	自评、互评、师评相结合,在评价中取长补短、相互促进、相互提升。

9. 像科学家一样做研究——开展苔藓课题研究(例:苔藓的环境监测作用)

目标:

（1）通过查阅文献,开展苔藓的环境监测实验,增强观察、提问、实验设计、方案实施以及对结果的交流与讨论的能力。

（2）通过检测上海不同区域(清洁区和污染区)①的苔藓植物的叶绿体色素含量、过氧化氢酶活性、重金属含量等指标,了解苔藓植物对大气污染的指示作用,培养运用科学的方法认识事物、解决实际问题的思维习惯和能力。

（3）通过与华东师范大学生命科学学院联合,加强高校与高中的联系,利用大学资源,优化配置整合各类教育资源,掌握科研方法,提升科学素养,培养创新能力。

重点:上海市苔藓的环境监测实验的设计和实施。

难点:清洁区和污染区的苔藓植物的叶绿体色素含量、过氧化氢酶活性、重金属含量等指标的测定。

活动前的准备:联系华东师范大学生命科学学院植物学实验室,准备放大镜、标本袋、显微镜、小刀、分光光度计、研钵、杵、80%丙酮、保温箱、水浴锅、匀浆器、离心机、pH5.0醋酸缓冲液、0.08% H_2O_2、0.1%邻甲氧基苯酚等。

过程:

内容	教师行为	学生行为	说明
选定实验调查区域并采集苔藓	指导学生选取合适的区域并采集苔藓。	选定上海清洁区和污染区进行苔藓的采集和标本的处理、记录工作。	市区公园绿化好,植被丰富,平日人口较为密集,污染小;宝钢厂区污染物排放较多,属于污染区。通过不同区域的苔藓生长情况的对比,可以分析苔藓对环境的指示监测作用。

———————

① 清洁区选取市区的某所公园,污染区为宝钢厂区。

（续表）

内容	教师行为	学生行为	说明
叶绿体色素含量测定	指导学生学会使用分光光度计。	① 用80%丙酮提取两个区域的苔藓的叶绿体中的色素。 ② 用分光光度计分别测定叶绿素和类胡萝卜素的含量并比较、分析。	污染较为严重的区域的苔藓叶片细胞中的色素含量一般较低。
过氧化氢酶活性的测定	联系华东师范大学生命科学学院植物学实验室,指导学生正确操作仪器。	① 苔藓洗净,匀浆、离心,提取酶液。 ② 在酶液中加入愈创木酚、醋酸缓冲液反应,然后置于分光光度计读取OD值。 ③ 按照公式计算过氧化氢酶活性。	过氧化氢酶在老化组织中活性较高,在幼嫩组织中活性较弱,可作为组织老化的一种生理指标。
原子吸收分光光度法测定苔藓的重金属含量	联系华东师范大学生命科学学院植物学实验室,指导学生正确操作仪器。	① 将两个区域的苔藓洗净并用蒸馏水浸泡。 ② 学习使用原子吸收光谱火焰法（AAS）测定两个区域苔藓细胞中的重金属含量并比较、分析。	重金属Cu、Zn、Pb等能被苔藓吸收并富集,通过测定重金属含量,有助于了解当地大气的重金属污染状况。

10. 出项:展示、宣传和义卖

目标:

（1）展示苔藓图鉴、宣传苔藓知识,普及公众对苔藓的认识,增强公众的环保意识,培养个人参与社会事务的能力,增强社会责任感。

（2）展示苔藓微景观生态瓶,宣传苔藓在生态系统中的作用,提升民众的生态意识,满足对美的追求和探索。

（3）义卖苔藓微景观生态瓶,体验付出劳动得到回报带来的成就感和满足感,培养社交能力和表达能力。

重点:宣传、普及苔藓知识,培养社交能力和语言表达能力。

难点:在宣传、义卖过程中进行社交能力的培养。

活动前的准备:准备华东师范大学版的科普视频《苔藓》、制作完成的苔藓图鉴、苔藓景观生态瓶,联系社区、街道、超市等公共场所,组织展览和义卖。

过程:

内容	教师行为	学生行为	说明
宣传苔藓在自然界中发挥的作用	利用移动屏幕,现场滚动播放《苔藓》科普视频及学生的活动图片和视频。	分发苔藓图鉴,向大家宣传苔藓在自然界中发挥的作用和价值,提升公众的生态意识和环保意识。	通过在公开场合的宣讲,锻炼开口表达的勇气和能力,培养自信心和个人的表现力。
展示苔藓微景观生态瓶	联系社区、街道或超市等公共场所,布置展览。	借助陈列的生态瓶作品,向过往人群宣讲苔藓的生态作用和环保理念。作品附有文字简介,内容包括作品名称、苔藓种类、养护注意事项等。	展示苔藓微景观生态瓶,宣传苔藓在生态系统中的作用,锻炼在公开场合口头表达的能力,提升民众的环保意识,满足大家追求和探索美的意愿。
义卖苔藓微景观生态瓶	联系社区、街道或超市等公共场所,在3月5日学雷锋纪念日组织学生义卖作品。	精心制作苔藓生态瓶并举行义卖,向大家展示苔藓的自然之美与装饰功能,同时换取适当酬劳,捐献给贫困地区儿童。	体验付出劳动带来的成就感和荣誉感,培养社交能力和表达能力,为慈善事业贡献一份力量。

九、出现的问题及解决方案

(1) 学生不能对苔藓进行鉴定分类

苔藓个体小、种类繁多。确定某一特定种类的苔藓,难度不亚于在山野中找寻一枚针。没有经过专业训练的高中生,对照专业书籍辨识苔藓的种类确实存在困难。

解决方案:苔藓鉴定工作本身就是一个大难题,它对专业理论知识的要求较高,还需要理论与实践相结合。除了教师提供的专业化的指导,如教会学生使用《苔藓植物检索》,学生自己平时也要多多用放大镜、显微镜认真观察,熟悉不同种类苔藓的形态特征,学习苔藓分类的基础知识,或向网络上的苔藓爱好者论坛发起求助,或向大学教授虚心请教等。教师应耐心鼓励,告诉他们一旦跨越这道门槛,进入的就是另外一个神秘且新奇的新世界,会乐享其中,顺利地完成接下去的实践活动。

(2) 学生不会使用相关仪器进行实验

解剖镜和显微镜是基础型课程中使用较为频繁的设备,学生能够较为熟练地运用,而分光光度计、传感器等是大学阶段的基础仪器,高中实验教学并不涉及,有些学生怕出错,不会也不敢使用。

解决方案:教师应给予正确引导,凡事都要经历从不会到会的过程,仪器的使用只是一个熟练度的问题,只要勤加练习,慢慢熟悉后就可上手。

(3) 部分学生没有想法,不会开展以苔藓为材料的课题研究

有一部分学生习惯于听老师讲、记笔记然后背笔记的传统教学模式,突然转换为以课题研究为导向的项目化学习,会感到手足无措,常常表现为提不出问题、没有想法、做事情按部就班、人云亦云。

解决方案:对于习惯于听老师讲解、示范,简单认为做课题、搞研究就是经验复制、知识验证和机械模仿的学生,教师应注意适当地引导和启发,尤其是要帮助其转变观念,让他们从内心深处感受到学习方式的改变是有利于科学素养的培养的;另外,教师要放低对他们的要求,以鼓励为主、评价为辅,循序渐进地帮助他们提升探究能力;也可以让他们与能力较强的同伴结对,使他们潜移默化地得到影响和锻炼。对于思维特别活跃的学生,教师一定要不吝赞赏,呵护他们的创造力和进取心,如果他们的创意暂时无实施条件,可以允许他们只写出设计思路、设计原理、设计图纸等。

(4) 部分学生性格内向,不善于表达

在合作小组中,有些学生性格较为内向,不善于表达,凡事憋在心里,容易与同组的其他同学产生龃龉;如果学生的个性倾向过于接近或过于互补,有时候也容易产生矛盾,不利于方案的顺利实施;如果都是同性,则不利于多方拓展思维。

解决方案:在学习共同体中,每一位学生都有成为组员和组长的可能,教师应尽量创造机会,营造氛围,让性格内向的学生也有表达意见的机会。教师的肯定与他人的倾听会增强这些学生的信心,使他们有勇气逐渐克服性格劣势,逐渐变开朗,学会自如表达。另外,教师也可以根据学生的性格、性别、兴趣、能力等搭配分组,尽量使他们减少矛盾、优势互补,这会更加利于活动的开展。

十、研究效果

经过本次以苔藓为探究对象的 3 大模块的实践活动的开展,学生会对科学探究有更加深入的理解,学习观念发生转变,从被动地、机械地接受知识转为主动地探究、获取知识,同时自身的科学素养也得到了提升和锻炼。具体体现在以下几个方面:整理出上海市区 8 所公园的苔藓图鉴、制作苔藓微景观生态瓶、撰写以苔藓为研究对象的科技小论文、推送有关苔藓小知识的头条号、编辑苔藓知识小视频、义卖筹款等,以及在实践活动过程中拍摄照片和影像、书写心得体会等。活动的整体收获有:

1. 开阔眼界,亲近自然

平日里容易被人们所忽视的苔藓植物成了研究对象,而且随着探究活动的日渐深入,学生会开启一个崭新的、神奇的世界,触碰到苔藓植物的真实与可爱,感受到生命的顽强与自然的神奇,通过观察、辨认、整理苔藓,加工制作生态瓶、完成实验小课题,激发了好奇心和探索的兴趣,培养了亲近自然、关注自然、热爱自然的情感。

2. 提升兴趣,培养能力

此次实践活动的空间多变,学习知识的场所不再是由黑板、讲台、桌、椅构成的教室,而是延伸到了校园、公园、大学、植物园等开放的环境里。在这些地方,学生不再拘谨,面对绿色的苔藓,心情舒畅,兴趣盎然,或分工协作采集,或埋头专注于实验,或凝神思考问题,或互相交流宣传,能力得到了全方位的稳步提升,真正体现了"做中学"的理念。

3. 体验探究,习得方法

随着研究的深入,学生面对的问题也越来越多,越来越有深度,借助何种手段解决问题成为学生思考的关键。从提出问题到确定方案、实施实验,最终解决问题,学生会经历若干个探究过程,体验知识的螺旋式获得方式,掌握科学探究的方法和思路,提高实践能力,勇于且乐于创新。

4. 开发思维,承担责任

在开展相关小课题研究的过程中,对思维的要求度是很高的,要探究苔藓的环境监测功能,学生需要思考采用何种指标、如何检测等问题,这其实就是培养运用科学的思维方法认识事物、解决实际问题的习惯和能力。通过对污染区苔藓细胞内的重金属含量的测定,树立"绿水青山就是金山银山"的理念,形成生态意识,成为环保理念的促进者和实践者。

十一、评价标准与方式

1. 阶段性评价:建立评价活动手册

学生把每一次参加活动的情况如实记录在手册上,自评、组评、师评相结合,其中,小组评价由组内成员讨论确定。评价表如下(表4-1)。

表4-1 活动评价表

项目	A	B	C	D	个人评价	小组评价	教师评价
认真度	态度非常认真,积极思考问题。	态度较为认真,能较为积极地思考问题。	认真程度一般,能思考问题。	态度不认真,不思考问题。			
参与度	有极高的参与热情,并落实到实践。	有较高的参与热情,能落实到实践。	有参与热情,实践的主动性不强。	没有参与热情,不愿参与实践活动。			
交流情况	非常愿意提问,逻辑清晰,有很好的语言表达能力。	愿意提问,逻辑较为清晰,有较好的语言表达能力。	能够提问,逻辑不甚清晰,运用语言的能力较弱。	不愿提问,逻辑混乱,运用语言的能力较差。			
科学素养	具有很好的科学思维能力,积极主动探究。	具有较好的科学思维能力,愿意探究。	思维能力一般,可以探究。	不具有科学思维能力,不愿探究。			

（续表）

项目	A	B	C	D	个人评价	小组评价	教师评价
团结协作	积极主动地配合小组其他成员完成整个项目。	愿意配合小组其他成员完成整个项目。	不太愿意配合小组其他成员完成整个项目。	不愿配合小组成员完成整个项目。			
动手能力	动手能力强，能快速精准地完成活动任务。	动手能力较强，能较好地地完成活动任务。	动手能力一般，能完成活动任务。	动手能力较差，不能完成活动任务。			
活动整体目标达成情况	很好	较好	一般	不好			
我这样评价自己							
同伴这样评价我							
教师的话							
评价结果（总分）							

填表说明：

1. 本评价表在每次活动结束时完成。

2. 本评价表主要针对学生的活动表现情况作评价。

3. 定量评价部分总分为 70 分，A 对应 10 分，依次递减 2 分，D 对应 4 分。最后总分取值为教师评、小组评和自评分数按平均值计算。

4. 定性评价部分分为"我这样评价自己""同伴这样评价我"和"教师的话"，都是针对被评者作概括性描述和建议，以帮助被评者改进与提高。

2. 成果性评价：设立作品表彰奖项

本次活动的成果存在多种形式，可从创新性、科学性和艺术性三个方面对作品进行评价,如:最佳苔藓图鉴奖、最佳生态瓶制作奖、最佳课题创意奖、最佳视频表现奖等。评价表如下(表4-2)。

表4-2　成果评价表

项目	A	B	C	D	个人评价	小组评价	教师评价
创新性	立意新颖,能体现想象力和创造力。	立意较新颖,能在一定程度上体现想象力和创造力。	立意一般,不能很好地体现想象力和创造力。	立意不新颖,不能体现想象力和创造力。			
科学性	构思、设计、制作非常符合科学原理。	构思、设计、制作较符合科学原理。	构思、设计、制作部分符合科学原理。	构思、设计、制作不符合科学原理。			
艺术性	作品精致,具有很好的艺术欣赏价值,值得收藏。	作品较为精致,具有艺术欣赏价值,适合收藏。	作品不太精致,艺术欣赏价值一般,可以收藏。	作品不精致,不具有艺术欣赏价值,不值得收藏。			
评价结果（总分）							

填表说明:

1. 本评价表在每次成果作品完成后填写。

2. 本评价表主要针对学生的作品作评价。

3. 定量评价部分总分为30分,A对应10分,依次递减2分,D对应4分。最后总分取值为教师评、小组评和自评分数按平均值计算。

3. 团体评价:评选优秀集体表彰奖项

本次活动有些环节以班级为单位,有些环节以小组为单位,在以团队为单位进行的活动中,大家齐心协力,集思广益,保证了活动的顺利开展和多元化作品的呈现。在本项评价中,以"团结互助""成果数量""作品质量"为评判标准进行质性评价,由师生共同组成评价小组来打分,评选出优秀组织班集体,进行表彰奖励,激发学生热爱自然、热爱科学、热爱集体的感情。评价表如下

（表 4 - 3）。

表 4 - 3　综合评价表

项目	A	B	C	D	小组评价	教师评价
团结互助 (0.4)	各个成员高度团结互助、齐心协力。	各个成员较为团结互助、齐心协力。	各个成员能做到团结互助、齐心协力。	各个成员不能团结互助、齐心协力。		
成果数量 (0.3)	非常多	较多	一般	较少		
作品质量 (0.3)	绝大多数作品非常好。	大多数作品较好。	一部分作品还可以。	大部分作品都比较差。		
评价结果 （总分）						

填表说明：

1. 本评价表在所有活动完成后填写。

2. 本评价表主要针对参与活动的班集体作评价。

3. 评价结果总分为 100 分，每项权重满分为 A 档，依次递减 20%，D 对应 A 档总分的 40%。最后总分取值为小组评和教师评分数按平均值计算。

课外案例二：一"花"一世界　一"叶"一菩提
——多彩的植物色素

一、课程定位

"一'花'一世界　一'叶'一菩提——多彩的植物色素"（简称"植物色素课程"）是一门基于高中生物学学科知识，运用数字化技术跨学科开展的实验探究拓展类课程，研究的对象是校园中的植物。通过开展实验，学生能进一步了解科学探究的基本规律，掌握生物学及其他学科相关的基础知识和原理，落实学科核心素养。

校园植物种类虽然不多，但随着四季的变换，呈现出不同的颜色特征，这与其内部的色素种类和时刻进行的各种生理生化反应密切相关。借助于数字化技术，可以实现对其物质成分变化的记录和分析，认识一个不一样的校园植物世界。数字化实验主要是应用传感器、计算机、网络通信等技术及其他数字信息技术的实验形式。传感器能将各种信息通过模拟信号的形式检测并转换为电信号，然后进行数据处理，与之相连的采集器和计算机又可对数据进一步分析。这是当前发展生物技术必不可少的先进的检测方法与监控手段，也是物质分子水平的快速、微量分析方法。目前，很多生物学实验停留在定性观测层面，对于细微的数量变化很难捕捉，数字化技术带来了便利。学生通过这一定量的检测手段，以校园植物为实验对象，运用科学探究的方法灵敏地观测到精准的实验数据，并对数据做出科学的判断和分析，学会"像科学家一样"的探究本领，为走出校园，进入高等院校继续深造奠定实践基础，也为步入社会，掌握更多的研究技能搭建了过渡的平台。同时，发展了生物学的学科核心素养，提升了科研的兴趣和能力。

二、课程理念

本课程将学习环境设置在校园的真实情境中，以色彩斑斓的植物色素为研究对象，学生在运用数字化技术开展探究活动的过程中，逐渐成为积极的活动者、探索者和知识的建构者，提高跨学科运用知识解决实际问题的能力。课程以问题解决和思维培养为导向,激发学生的探究欲望和好奇本性,在亲历探究的过程中养成科学思维的习惯,形成积极的科学态度,发展终身学习及创新实践能力,充分体现"互动式""探究式""做中学"的理念。

同时,学生通过这一系列体验活动,能认识到植物在生态系统中发挥的重要作用,理解人与自然是生命共同体,懂得环境为人类提供生命活动的物质基础,同时人类的生活和生产活动也以各种形式不断地对环境施加影响,意识到生态安全的重要性,形成生态意识,积极参与环境保护实践。

三、课程目标

依据课程标准中关于选修课程的实施建议,"植物色素课程"以问题解决和思维培养为导向,充分激发学生的探究欲望和潜能,培养学生自主探究的意识和能力,确定如下课程目标:

1. 观察色素的溶解性、吸收光谱、耐酸碱性、光强和温度对它的影响等,理解叶绿体色素和花青素等植物色素的理化性质及功能差异,强化结构与功能观、物质与能量观、进化与适应观等生命观念,养成严谨求实的科学思维习惯。

2. 开展植物色素在光合作用、水质监测、抗氧化活性等方面的实验,了解植物色素在生态稳定、食品加工、环境监测、医药健康等方面的应用价值,培养科学探究素养,提升环保和健康意识,增强社会责任感。

3. 创造多元的植物色素衍生产品,激发创新思维,调动解决现实问题的积极能动性,提升自主探究的学习意识和能力。

四、课程结构

本课程包含 3 个模块,关键词分别是"理解——理解植物色素的理化性质""分析——分析植物色素在实践中的应用""创造——创造多元的植物色素衍生产品"。每个模块又细化为 1～4 个主题,共有 9 个主题,每个主题既相互联系,又各自独立,相辅相成、逐级递进,充分体现"以学习者为中心"的理念,这是课程得以顺利开展的内驱力,教师的作用仅是引导辅助。期间,依据学生的兴趣与特长适当调整个别主题的内容或次序,以满足学生的共同基础水平和多元发展需求,有助于学生进一步加深对植物、对自然的了解,拓展生命科学与技术视野,提高实践和探究能力(图 4-4、表 4-4)。

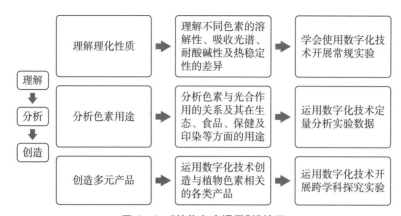

图 4-4 "植物色素课程"模块图

表 4-4 "植物色素课程"模块简要说明

模块	主要内容	设计意图
理解	带领学生观察校园植物的四季变化,设置驱动性问题——"同为植物的组成部分,为什么叶片的颜色和花朵的颜色存在差异?"指导学生运用传感器等数字化技术理解两类色素理化性质的不同。	通过对脂溶性的叶绿体色素和水溶性的细胞液色素进行数字化实验测量比较,帮助学生熟悉并掌握数字化仪器的基本操作技能,树立结构与功能观,为后续的实验探究奠定基础。
分析	在充分理解了两类不同色素的理化性质的基础上,进一步了解植物色素在生产实践中的应用,如叶绿体色素与光合作用的关系、叶绿体色素含量与水体富营养化间的关系、花青素的酸碱指示作用等,绘制相关曲线,将定性实验转变成定量实验。	应用传感器可对两种色素的应用进行"再挖掘",开发其潜在的教育和教学功能。数字化信息系统(DIS)以全新的数字技术为核心手段,结合数据处理软件配合不同的传感器,可实现不同的测量功能,使原本的定性实验转变为定量实验,培养学生运用数据获取信息的能力。
创造	鼓励学生运用所学,借助于各式各样的数字化技术,拓展探究手段,创造性地解决问题或制作创新型的产品。	数字化的实验环境对学生自学能力和科学探究能力等提出了更高的要求,具体表现在学习新技术、资料查找、方案设计、数据处理、交流合作等各个方面。学生要能尝试用多种方案解决真实问题,学会"像科学家一样思考问题",促进科学态度和创新意识的培养。

五、课程内容与课时设置

本课程共有 3 个模块,9 个教学主题,共计 16 课时,在高二特色课程中开展,主题内容对应该年级的选课学生。对每个教学主题下的课时设置、教学内容、学生活动类型、评价方式、关联学科以及实验室资源互动安排如下表(表 4 - 5)。

表 4 - 5　课程模块详细说明

教学主题		课时数	实施时间	主要内容	模块目标	涉及相关学科	与实验室资源的互动	学习评价
入项		1		观察校园植物叶片和花朵的颜色。	转变本质性问题为驱动性问题	生物学	/	
		1		组建研究小组,确定研究方向,明确成员分工,列出研究计划。	拆解驱动性问题为小组课题,制定研究计划。	/	/	
理解	植物色素的理化性质	1	第一学期	比较溶解性	学会使用色度计等数字化设备和软件开展探究活动,理解植物色素的理化性质及功能差异,强化结构与功能观等生命观念,养成严谨求实的科学思维习惯。	化学	分光光度计色度计	自评、互评、师评(活动评价和项目产品评价)
		1		比较吸收光谱		物理	光谱仪	
		1		比较 pH 敏感性		化学	pH 计	
		2		比较光强、温度的影响		物理	分光光度计光强传感器	
分析	植物色素的用途	1		叶绿体色素与光合作用	运用科学探究的基本步骤开展实验,了解植物色素在生产实践中的应用价值,培养科学探究素养,提升环保和健康意识,增强社会责任感。	生物学	溶解氧传感器光强传感器	
		1		叶绿素 a 与水质监测		环境监测	分光光度计色度计、浊度计	
		1		叶绿素与食品色素		食品科学	紫外灯	
		2	第二学期	花青素与健康保健		医药健康	分光光度计	
创造	创造多元产品	3		自选议题,创造产品(如:制备精密 pH 试纸,制作会发光的钥匙扣,绘制"变色"风景画,制作校园植物叶片或花朵色谱集等)。	运用所学解决问题、创造多元的植物色素衍生产品,激发创新思维,调动解决现实问题的积极能动性,提升自主探究的学习意识和能力。	物理、化学、生物学、通用技术、艺术等。	略	
出项		1		向同伴展示作品、描述学习经历、反思成败得失。	复盘项目,总结学习经验,提出修改意见,提升表达能力。	/	/	

六、课程实施

1. 教学建议

（1）根据课程标准和学校的实际情况，本课程面向高二年级全体学生，在完成沪科版高中《生物学（必修1）：分子与细胞》后开展。鼓励学生在课后继续实施各种探究活动，收集相关资料和信息，开展专题研究。保证教学内容的全面性，以及科学探究和科学思维目标的达成。

（2）以科学探究为核心，让学生亲历提出问题与假设、设计实验方案、实施实验、处理数据与分析结果、结论与反思等过程。同时，根据学习内容的特点和要求、学生学习兴趣，设计多个可以运用传感器开展的实验，为学生创造尽可能多的运用数字化技术进行探究的机会。

（3）采用灵活多样的教学组织方式，积极引导学生开展"小组合作学习""自主探究活动"。通过任务驱动，分层设置问题，设置真实的问题情境，让学生参与到活动中。

（4）教师应参与学生的探究活动，密切关注学生探究活动的进程，及时发现学生所面临的困难和出现的问题，给予适当引导和适时的帮助。应关注学生提出的问题或方案，鼓励学生发挥创造力，要注意活动过程中存在的错误和差异，及生成的有价值的问题，引导学生深入思考、探究。

（5）利用各种手段或途径拓展信息渠道，借助图书馆、互联网、科普报告会等获取教育信息。

2. 评价建议

（1）评价方式由学生自评、学生互评和教师评价组成，三种主要评价方式相辅相成。

（2）评价方法包括活动纪录、活动参与度和完成度，小组成员之间的配合程度，活动作业和科技小论文等。

（3）评价由活动评价（表4-6）、成果评价（表4-7）和综合评价（表4-8）组成，贯穿于学生学习的全过程。注意在学生学习活动中开展适时适切的评价，以发挥评价的诊断、反馈和激励功能。

（4）着重于评价学生进行探究课题设计的能力、选择和运用传感器完成测定数据等操作方面的能力和在活动过程中所表现出的对探究的兴趣。具体评价学生能否从探究过程中发现问题和解决问题,能否合理设计探究方案,能否从不同的层面思考、解释现象与问题,正确表达探究过程与结果等。

表 4-6　活动评价表

项目	A	B	C	D	个人评价	小组评价	教师评价
认真度	态度非常认真,积极思考问题。	态度较为认真,能较为积极地思考问题。	认真程度一般,能思考问题。	态度不认真,不思考问题。			
参与度	有极高的参与热情,并落实到实践。	有较高的参与热情,能落实到实践。	有参与热情,实践的主动性不强。	没有参与热情,不愿参与实践活动。			
交流情况	非常愿意提问,逻辑清晰,有很好的语言表达能力。	愿意提问,逻辑较为清晰,有较好的语言表达能力。	能够提问,逻辑不甚清晰,运用语言的能力较弱。	不愿提问,逻辑混乱,运用语言的能力较差。			
科学素养	具有很好的科学思维能力,积极主动探究。	具有较好的科学思维能力,愿意探究。	科学思维能力一般,可以探究。	不具有科学思维能力,不愿探究。			
团结协作	积极主动地配合小组其他成员完成整个项目。	愿意配合小组其他成员完成整个项目。	不太愿意配合小组其他成员完成整个项目。	不愿配合小组成员完成整个项目。			
动手能力	动手能力强,能快速精准地完成活动任务。	动手能力较强,能较好地完成活动任务。	动手能力一般,能完成活动任务。	动手能力较差,不能完成活动任务。			

（续表）

项目	A	B	C	D	个人评价	小组评价	教师评价
活动整体目标达成情况	很好	较好	一般	不好			
我这样评价自己							
同伴这样评价我							
教师的话							
评价结果（总分）							

填表说明：

1. 本评价表在每次活动结束时完成。

2. 本评价表主要针对学生的活动表现情况作评价。

3. 定量评价部分总分为70分，A对应10分，依次递减2分，D对应4分。最后总分取值为教师评、小组评和自评分数按平均值计算。

4. 定性评价部分分为"我这样评价自己""同伴这样评价我"和"教师的话"，都是针对被评者作概括性描述和建议，以帮助被评者改进与提高。

表4-7 成果评价表

项目	A	B	C	D	个人评价	小组评价	教师评价
创新性	立意新颖，能体现想象力和创造力。	立意较新颖，能在一定程度上体现想象力和创造力。	立意一般，不能很好地体现想象力和创造力。	立意不新颖，不能体现想象力和创造力。			

（续表）

项目	A	B	C	D	个人评价	小组评价	教师评价
科学性	构思、设计、制作非常符合科学原理。	构思、设计、制作较符合科学原理。	构思、设计、制作部分符合科学原理。	构思、设计、制作不符合科学原理。			
艺术性	作品精致，具有很好的艺术欣赏价值，值得收藏。	作品较为精致，具有艺术欣赏价值，适合收藏。	作品不太精致，艺术欣赏价值一般，可以收藏。	作品不精致，不具有艺术欣赏价值，不值得收藏。			
评价结果（总分）							

填表说明：

1. 本评价表在每次成果作品完成后填写。

2. 本评价表主要针对学生的作品作评价。

3. 定量评价部分总分为 30 分，A 对应 10 分，依次递减 2 分，D 对应 4 分。最后总分取值为教师评、小组评和自评分数按平均值计算。

表 4-8　综合评价表

项目	A	B	C	D	小组评价	教师评价
团结互助（0.4）	各个成员高度团结互助、齐心协力。	各个成员较为团结互助、齐心协力。	各个成员能做到团结互助、齐心协力。	各个成员不能团结互助、齐心协力。		
成果数量（0.3）	非常多	较多	一般	较少		
作品质量（0.3）	绝大多数作品非常好。	大多数作品较好。	一部分作品还可以。	大部分作品都比较差。		
评价结果（总分）						

填表说明：

1. 本评价表在所有活动完成后填写。

2. 本评价表主要针对参与活动的班集体作评价。

3. 评价结果总分为 100 分，每项权重满分为 A 档，依次递减 20%，D 对应 A 档总分的 40%。最后总分取值为小组评和教师评分数按平均值计算。

七、保障措施

1. 师资队伍建设

配备具备综合素质的专职教师，即教师在具备生物学学科教师的基本素养基础上，还须关注科学技术新发展，能运用现代化教学手段教学，能及时掌握多学科教学技能和先进硬件设备的操作方法，并具有指导学生的能力。

2. 实验室配置和教学设备

学校拥有 4 个生物学实验室，集科技、创新、探究于一体，配备的仪器和设备包括超净工作台、数码显微镜、恒温水浴锅、恒温培养箱等。还配有专门的 DIS 生物实验室，整个基于传感器技术的数字化实验系统是由计算机、TI 图形计算器及配套软件、传感器、数据采集器三部分构成。

其中，传感器约有数十种，如温度传感器、CO_2 传感器、pH 传感器、压强传感器、电压传感器、微电流传感器、溶解氧传感器、光强传感器、湿度传感器等，它们可以将测得的实验数据转换为数字信号，帮助教师和学生真实、实时、快速、准确地完成生物学课程中的大部分实验，为开展定量的科学探究和分析提供保证。

3. 课程资源建设

开发与 DIS 相配套的特色课程，完善课程文本的撰写。包括课程指导纲要、教学指导用书、学生学案以及图片、音像资料等。

4. 支持性资源

充分开发课外资源，如邀请植物学相关专业的学生家长、专家为学生拓展植物学相关知识，为学生提供与植物学相关的网站、书目及阅读资料等。

八、教学示例

根据课程的学习目标，确定本质性问题：植物色素的功能及其应用有哪些？这个问题生硬且无趣，无法激发学生的探究欲望，需要将其转变为学生容易接纳并愿意为之探索的驱动性问题。教师先用中国古诗词引入课程:"接天莲叶无穷碧,映日荷花别样红",六月的西湖在南宋诗人杨万里的笔下,莲叶的"碧"与荷花的"红"相互映衬,呈现了一幅和谐的初夏美景。而北宋词人李清照在一夜"雨疏风骤"后发出"知否? 知否? 应是绿肥红瘦"的推断则传神地刻画出庭院中海棠的绿叶繁茂,红花凋零的暮春景象……除了印象中的"红花碧叶",在四季更迭、昼夜轮转中,植物为我们呈现了多姿多彩的颜色盛宴,那为什么树叶是绿色的? 花朵却有着各种颜色? 两个部位的色素种类和功能有什么不同吗? "植物色素课程"的数字化校本课程随即展开。

1. 入项(2 课时)

(1) 观察校园植物,确定驱动性问题(1 课时)

教师带领学生观察、比较校园或附近公园中的植物。叶片抽芽时的嫩绿、繁茂时的浓绿、萧瑟时的枯黄甚至脱落,四季变换,植物叶片的颜色会发生规律性的变化。与此同时,各色的花也经历着含苞、竞放和凋谢,粉的、白的、红的……枝叶与花朵交相辉映,多彩的植物把环境装扮得美丽又宜居。在色彩斑斓的自然背后有着神秘的功臣——植物色素。教师设计出驱动性问题:为什么进行光合作用的是绿叶而不是花朵?

设计意图:以学生熟悉的校园植物为切入点,情境真实自然,驱动性问题通过日常事物的变化引发学生思考,进而激发学生探究的欲望。学生通过查阅文献了解到,植物色素主要包括脂溶性的叶绿体色素和水溶性的细胞液色素,前者存在于叶绿体中,与光合作用有关,如叶绿素;后者主要存在于液泡中,与植物颜色,特别是与花朵、果实的颜色有关,如花青素等。课程的设计与实施主要围绕着这两大类色素展开。

(2) 驱动性问题的分析与拆解(1 课时)

驱动性问题不是经简单思考或讨论就能得出答案的问题,它需要高阶思维的整合和逻辑关系的清晰梳理,往往指向的是学科大概念。本课程的驱动性问题指向的就是"结构与功能相适应"这一生命观念,学生直接落地解决实施具有难度。因此,教师需要分拆问题,把它转化成一个个可以上手的小问题。这一转化过程也可以根据驱动性问题的难易程度来决定是否由学生独立完成。师生分析后认为,花朵和叶片的理化性质指向的是"结构",二者的作用指向的是"功能"。再进一步细化分析:根据现有的知识水平,植物色素的"结构"很难从化学分子式的角度去比较,但可以从物质的溶解性、吸光透光性能、耐酸碱性、光强和温度影响等方面去比较、去理解;而"功能"则可以它们在自然和人类生活中发挥的作用进行探讨。上述这些是驱动性问题反映的科学本质,如果直接让学生去研究,显得无趣且死板。教师需要对问题进行包装,也就是转变问题,让它以一种"接地气"的方式出现,尽可能地生活化、生动化,真正起到激发学生去探索其中的为什么的作用。驱动性问题分解说明步骤图如图4-5所示。学生组建研究小组并制订计划。

设计意图:在沪科版高中《生物学(必修1):分子与细胞》中,学生已经学习过利用洋葱的鳞叶外表皮中的紫色液泡观察细胞的质壁分离现象,也学习过从新鲜的绿色菠菜叶片中提取并分离色素,对植物色素的基本特点并不陌生。但面对本质问题,学生要么无从下手,要么回答流于表面,仅能说出"色素不同,所以功能不同",因此需要在教师的引导下,结合日常生活中的现象,将本质问题分拆成驱动性问题,再转变成学生易于上手的小的驱动性问题,根据小问题去设计和实施实验。

2. 实施(13课时)

(1) 比较溶解性(1课时)

"如何通过实验验证叶绿体色素和花青素溶解性的不同?"是这节课需要解决的问题。学生设计了两组实验,分别用等量的蒸馏水、乙醇、丙酮和汽油四种试剂对等量的菠菜和紫甘蓝进行色素提取,提取物颜色越深,表示提取的色素越多,可以用"+"表示。实验记录表见表4-9。

表4-9 植物色素溶解性实验记录表

待提取色素	提取试剂			
	蒸馏水	乙醇	丙酮	汽油
叶绿体色素(菠菜)				
花青素(紫甘蓝)				

学生还根据化学课上学习的萃取的原理,首先选择用蒸馏水分别提取叶绿体色素和花青素,将二者混合后倒入分液漏斗中,再往漏斗里加入苯或四氯化碳,经过震荡静置后,溶液出现了分层,蓝紫色的花青素溶解在水溶液中,而叶绿体色素则更多地溶解在有机溶剂里。经过这样的对比,两者的溶解性差异一目了然。

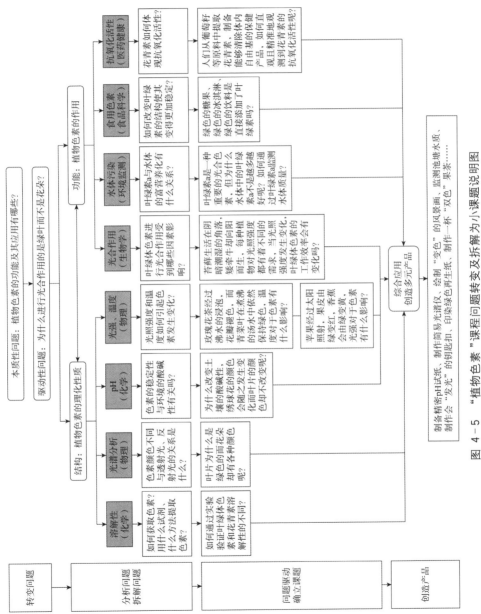

图 4 - 5　"植物色素"课程问题转变及拆解为小课题说明图

（2）比较吸收光谱（1课时）

"叶片为什么是绿色的而花朵却有各种颜色呢？"这个问题可以通过光谱仪精确测定吸光度获得答案。教师准备好绿色的叶片和各种颜色的花朵，用乙醇提取叶绿体色素，用蒸馏水提取各种花青素。将提取物置于比色杯中，放置在光谱仪下进行观察。叶绿体色素包含叶绿素和类胡萝卜素，能吸收红橙光和蓝紫光，几乎不吸收绿光，所以叶片呈现绿色。花的颜色也与其含有的色素吸收的光和反射的光有关。大多数的花朵中的色素吸收蓝紫光，因此，自然界中，红花、黄花、橙花居多，而蓝色和紫色的花较为少见。"为什么没有黑色的花呢？"也可以让学生尝试测定黑色墨水的吸收光谱，会发现几乎所有颜色的光都被吸收，这些光会对花瓣造成灼烧，因此，自然界中几乎没有黑色的花。而且每种颜色的光的热效应不同，其中，蓝色光和紫色光的热效应较强，花瓣为了避免高温伤害，多以浅色为主。通过这个实验，学生可以从光的吸收和反射的角度对两类色素进行对比，了解二者的差异。

（3）比较pH敏感性（1课时）

"为什么改变土壤的酸碱性，绣球花的颜色会随之发生变化而叶片的颜色却不改变呢？"这一现象提示叶绿体色素和花青素遇到酸或碱的反应是不同的。学生配置不同pH的缓冲液，并用pH计精确测定，再分别将两类色素滴加进去，观察颜色的变化。在酸性环境中，叶绿体色素变成褐色，而遇到碱，颜色呈现浅绿色。花青素却有着有趣的现象，遇酸性溶液显红色，遇碱性溶液显蓝色，可以作为一种简易的酸碱指示剂。通过这个实验，学生认识到两类色素对于酸碱性的敏感程度是不同的。

（4）比较温度、光强的影响（2课时）

"玫瑰花茶经过沸水的浸泡，花瓣褪色，而青菜叶在煮沸的汤水中依然保持绿色，温度对于色素有什么影响？"教师用生活中的现象启发学生思考影响色素稳定性的外界因素。学生设计方案：先在特定波长处测定室温下两类色素的提取液的吸光度，再分别置于不同温度（室温、40℃、60℃、80℃）的水浴锅中，定时取出，迅速冷却至室温，在同一波长下再次测定吸光度，计算色素的残留率，以此判断温度对于色素的影响。

"苹果经过太阳照射，果皮由绿变红，香蕉会由绿变黄，光强对于色素有什么影响？"学生再设计光照强度的影响实验。将色素分别置于不同光照强度（用光强传感器测定)和黑暗环境中一段时间,比较放置前后吸光度的变化,计算色素的残留率,以此判断光强对色素的影响。

(5) 叶绿体色素与光合作用(1 课时)

"苔藓生活在阴暗潮湿的角落,矮牵牛却向阳而生,每种植物对光照强度都有着不同的需求,当光照强度发生变化,叶绿体色素的工作效率会有变化吗?"以问题为驱动,激发学生通过设置不同的光照强度,观测光合作用强度,绘制光合速率变化曲线。学生既可以采用叶圆片上浮法进行粗略计数,也可以根据条件以水生蜈蚣草为实验对象,运用光强传感器、溶解氧传感器等采集数据,更精准地分析光照强度对光合作用的影响。具体操作详见本案例后附实验 1。

(6) 叶绿素 a 与水质监测(1 课时)

"叶绿素 a 是一种重要的光合色素,但为什么水体中的叶绿素 a 不是越多越好呢? 如何通过叶绿素 a 监测水体质量?"当被问及这个问题时,学生首先想到的是水里的叶绿素来自哪里,能想到一些蓝藻、绿藻等水生生物。它们大量繁殖,白天利用太阳光进行光合作用,产生氧气,但每时每刻也会进行呼吸作用,消耗氧气,造成水生群落中鱼、虾、贝类等其他需氧生物死亡,进而物种趋向单一,水体功能发生退化,导致整个水体的生态系统失衡。厘清了问题的关键后,学生从学校的池塘和周边的河浜中取水,运用分光光度计去检测其中叶绿素 a 的含量,完成对水质的这一指标的检测。

(7) 叶绿素与食品色素(1 课时)

叶绿素可食用,市售的"绿色的糖果、绿色的冰淇淋、绿色的饮料是直接添加了叶绿素吗?"天然叶绿素因遇热、光照、酸碱等因素易分解,褪去颜色,且不易溶于水,限制了它在食品、印染、化妆等工业上的应用。如果用 Cu^{2+} 取代 Mg^{2+},叶绿素的结构转化为铜代叶绿素,就会稳定且持久,且颜色更为鲜艳。学生可以尝试制备简易的铜代叶绿素,并和天然叶绿素一同印染布料,然后在阳光下曝晒,观察、比较颜色的变化。铜代叶绿素的制备过程详见本案例后附实验 2。

(8) 花青素与人体保健(2 课时)

花青素具有较强的抗氧化活性,可以帮助清除体内加速衰老和病变的自由基,"人们从葡萄籽等原料中提取花青素,制备能够清除体内自由基的保健产品,如何直观且精准地观测到花青素的抗氧化活性呢?"DPPH 是一种自由基,能在有机溶剂中稳定存在,其醇溶液呈紫色。花青素的加入会使其颜色变浅,且下降程度呈线性关系。由于DPPH的醇溶液在波长为517 nm下具有最大吸收,吸光度水平的降低表明抗氧化性的增加,从而评价实验样品的抗氧化能力。根据上述原理,学生可以将从不同植物中提取出的花青素加入DPPH的醇溶液中,裸眼观察颜色的变浅情况,直观认识从不同植物中提取的花青素的抗氧化活性的差异。学生还可以通过分光光度计精确测定,定量分析。花青素清除DPPH自由基的实验过程详见本案例后附实验3。

(9)创造多元产品(3课时)

在学完上述的课程内容后,学生对于两类色素的性质及其在生活中的应用有了初步的认知,如何利用前期的学习储备创造出新产品或者解决实际问题是这个模块需要解决的问题。这个模块对于学生的要求比较高,需要综合应用之前所学,充分发挥创造力和想象力去开发、去制作,生成新颖的、独创的产品,因此所获得的成就感也是最大的。有些学生利用pH计和花青素制作出精密的试纸,有些学生利用叶绿素的荧光现象制作出"发光"的钥匙扣,有些学生利用光的反射、折射原理制作出简易的光谱仪……教师也需要考虑到部分学生可能能力有限,缺乏创造的灵感,可以提供一些议题供学生参考,比如:如何制备一套精密的pH试纸?如何绘制一幅可以"变色"的风景画?如何监测校园池塘水的水质情况?采用什么方法可以让绿色标本保持鲜绿?……

3. 出项(1课时)

最后,各小组对成果进行展示,形式不限,如PPT讲解、视频剪辑、动画演示、海报宣传等,通过比较两种色素的差异,完成对本质性问题"植物色素的多种功能及其应用"的全面认知。

附实验1:探究光照强度对植物叶片光合作用的影响

【实验原理】

光是光合作用的能量来源。光合作用分为光反应和碳反应两个阶段,其中,光反应阶段释放 O_2 的过程依赖于光照。光的强弱直接影响着光反应,继而影响碳反应中 CO_2 的吸收。本实验用密闭空间中 O_2 的增加表示植物叶片的净光合速率大小。

【实验用品】

器材:50 mL 三角烧瓶、溶解氧传感器、光强传感器、TI 图形计算器、数据采集器、3 个 LED 灯(10 W、20 W、50 W)。

材料:蜈蚣草。

【实验装置】

LED灯　　数据采集器　　溶解氧传感器　　TI图形计算器　　三角烧瓶

图 1　主要实验装置

【实验操作与分析】

1. 在暗室中分别打开 3 个 LED 灯(10 W、20 W、50 W),用光强传感器测量出光照强度为 0.1、0.3、0.4、0.5、0.7、0.9、1.0、2.0、4.0、5.0、7.0、8.0 klux 的 12 个点,用标签纸做好标记。另外将烧瓶外用锡纸包裹不透光的记为 0 klux。共计 13 组。

2. 取长势良好、一致,长约 16 cm 的 2 根蜈蚣草,放入已盛有 50 mL 蒸馏水的三角烧瓶中,插入溶解氧传感器,按照图 1 搭建好实验装置,记录液体中溶解氧的初始读数。

3. 开启 TI 图形计算器内的程序,分别在上述不同光照强度的点进行测量,对 5 min 内溶解氧的变化量进行定量分析,注意 TI 图形计算器显示屏上显示的溶解氧浓度的变化趋势。每个点测量 3 次,取平均值,记录在下列表格中。

组别	光照强度（klux）	5 min 内溶解氧浓度的变化量(mg/L)		
		初始读数	结束读数	变化量(结束读数－初始读数)
第 1 组	0			
第 2 组	0.1			
第 3 组	0.3			
第 4 组	0.4			
第 5 组	0.5			
第 6 组	0.7			
第 7 组	0.9			
第 8 组	1.0			
第 9 组	2.0			
第 10 组	4.0			
第 11 组	5.0			
第 12 组	7.0			
第 13 组	8.0			

4. 依据表中数据,以光照强度为横坐标,5 min 内溶解氧浓度的变化量为纵坐标,绘制出植物叶片的光合速率随光照强度变化的曲线。

【实验结论】

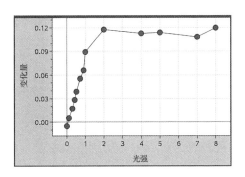

图 2 蜈蚣草光合速率与光照强度的关系图

在室温下,生活在蒸馏水中的蜈蚣草在弱光下光合速率会随光照强度增大而提高,当光照强度达到 2 klux 后,再提高光照强度,光合速率不再提高。

附实验 2:铜代叶绿素的制备过程

【实验原理】

叶绿素分子中的镁离子(Mg^{2+})可被铜离子(Cu^{2+})取代,生成铜代叶绿素。该反应通常在酸性条件下进行,通过加热或加入化学试剂促进置换反应的发生。

【实验用品】

材料:富含叶绿素的植物材料(如菠菜等)。

试剂:95%乙醇、碳酸钙、石英砂、稀盐酸(HCl)、硫酸铜($CuSO_4$)或氯化铜($CuCl_2$)。

【实验操作与分析】

1. 叶绿素的提取

将新鲜植物材料(如菠菜叶)洗净、晾干后剪碎并置于研钵中,加入少量碳酸钙(可防止叶绿素被破坏)、石英砂(助磨)、适量的95%乙醇(提取剂),研磨成匀浆。将提取液过滤,留上清液,或转移至离心管中,离心(4000 r/min,10 min),收集上清液。

2. 铜代反应

向提取液中加入稀盐酸,调节 pH 至 2~3,使叶绿素脱镁形成脱镁叶绿素。在脱镁叶绿素溶液中加入硫酸铜或氯化铜溶液,水浴加热至50℃~60℃,反应10 min,使铜离子与脱镁叶绿素中的卟啉环结合,生成铜代叶绿素。

3. 沉淀

反应结束后,将溶液冷却至室温,静置,使铜代叶绿素沉淀。离心(4000 r/min,10 min),收集沉淀。沉淀即为铜代叶绿素的粗提物。

【注意事项】

避光操作:叶绿素在光照下易分解,实验过程中应尽量避光。

温度控制:反应温度不宜过高,以免破坏叶绿素结构。

pH调节:pH对铜代反应的影响显著,需严格控制。

安全防护:实验中使用的试剂可能具有腐蚀性或刺激性,操作时应佩戴防护手套和眼镜。

【实验结论】

　　叶绿素在铜代反应中颜色会从绿色逐渐变为褐色,最终生成蓝色的铜代叶绿素。铜代叶绿素具有良好的稳定性和着色能力,可用于食品、化妆品和医药等领域。

附实验3:花青素清除DPPH自由基的实验

【实验原理】

DPPH(1,1-二苯基-2-三硝基苯肼)是一种稳定的氮中心自由基,在517 nm波长处有最大吸收峰,溶液呈紫色。当抗氧化剂(如花青素)存在时,DPPH自由基的单电子被配对,溶液颜色变浅,吸光度降低。通过测定吸光度的变化,可计算花青素对DPPH自由基的清除率。

【实验用品】

材料:花青素提取物(从黑米、蓝莓、紫甘蓝等提取)、DPPH标准品、无水乙醇、蒸馏水。

仪器:紫外可见分光光度计、电子天平、容量瓶、移液管、离心机、涡旋振荡器。

【实验操作与分析】

1. DPPH溶液的配制

精确称取DPPH标准品,用无水乙醇配制成浓度为1×10^{-4} mol/L的DPPH溶液,避光保存于4℃冰箱中。现用现配。

2. 花青素样品的制备

将花青素提取物用蒸馏水溶解,配制成不同浓度(如10、20、50、100、200 μg/mL)的溶液。

3. 清除率测定

取2 mL不同浓度的花青素溶液,加入2 mL DPPH溶液,涡旋振荡混匀。避光反应30 min后,在517 nm波长处测定吸光度(记为A_1)。以2 mL无水乙醇+2 mL DPPH溶液为空白对照(记为A_0),以2 mL花青素溶液+2 mL无水乙醇为待测(记为A_2)。

4. 清除率计算

根据公式计算清除率:

$$清除率(\%) = \left(1 - \frac{A_1 - A_2}{A_0}\right) \times 100\%$$

5. IC_{50}值的测定

以花青素浓度为横坐标,清除率为纵坐标,绘制剂量-效应曲线。通过回归分析计算 IC_{50} 值(即清除率为 50% 时的花青素浓度), IC_{50} 值越小,抗氧化能力越强。

【注意事项】

避光操作:DPPH 溶液对光敏感,实验过程中须全程避光。

反应时间:DPPH 与抗氧化剂的反应需 30 min 达到平衡,时间不足会导致结果偏低。

溶剂选择:花青素为水溶性,DPPH 为脂溶性,建议用水溶解花青素提取物,用乙醇溶解 DPPH,混合后形成两相体系,但需充分振荡确保反应完全。

温度控制:实验在室温下进行,避免温度波动影响结果。

【实验结论】

比较不同来源花青素的 IC_{50} 值,评估其抗氧化活性差异。花青素作为天然抗氧化剂,可应用于功能性食品、保健品和化妆品中,通过 DPPH 法可快速筛选高活性花青素资源,为其产业化开发提供科学依据。

课外案例三：巴比伦"空中花园"的"奇迹"回归

一、方案提出的背景

在 2012 年 4 月举行的"2012 低碳城市与区域发展科技论坛"中，首次提出"海绵城市"概念；在 2013 年 12 月 12 日至 13 日召开的中央城镇化工作会议上，习近平总书记在讲话中强调："在提升城市排水系统时要优先考虑把有限的雨水留下来，优先考虑更多利用自然力量排水，建设自然积存、自然渗透、自然净化的'海绵城市'。"建海绵城市就要有"海绵体"。城市"海绵体"既包括河、湖、池塘等水系，也包括绿地、花园、可渗透路面这样的城市配套设施。雨水自上而下地通过这些"海绵体"下渗、滞蓄、净化、回用，最后剩余部分通过管网、泵站外排，从而有效提高城市排水系统的标准，缓解城市内涝的压力。随着我国城市化进程的加快，土地资源日益紧缺，整座城市向着纵向的空间发展，高层建筑对雨水的合理利用将有效缓解城市地下排水系统的负荷。如何让高层建筑既美观又兼具渗透排水的功能，成为城市规划者们思考的新问题。

被誉为世界七大奇迹之一的巴比伦"空中花园"吸引了我们的注意。据古希腊历史学家狄奥多罗斯描述：该园在不同高度逐层收小的台层上布满带拱廊的建筑物，台层面种植各种树木花草，远看宛如悬在空中，故称空中花园。非常可惜的是该园现已不复存在。

可否以打造"空中花园"为主线，设计一系列项目化的课程，让学生在模拟建造"空中花园"活动的过程中，尝试解决这一实际问题，从而提升自身的科学探究能力呢？"巴比伦'空中花园'的'奇迹'回归"应运而生。

二、方案目标

学生通过参与本课程的项目化学习，在获得相关学科知识和技能的基础上，达成以下目标：

1. 通过了解巴比伦"空中花园"的概况，理解生产力和社会发展的辩证关系,感悟人、建筑与自然之间的平衡与稳态,学会系统地看待相互联系的事物,体会科技发展带来的社会变化,提升人文情怀和科学素养。

2. 通过设计并搭建古、今的"空中花园"模型,培养发现问题、获取信息、设计方案、解决问题的科学探究能力,提升发现、鉴赏和创造美的情趣,在跨学科整合与实践中培养勇于创新的意识,养成终身学习的习惯。

3. 通过畅想、设计未来世界中的"空中花园",培养信息化时代的学习与发展的能力,感悟人类对于自然的改造及如何与自然和谐共处,成为绿色生态的倡导者和践行者。

三、方案所涉及的对象、人数

本方案所涉及对象为我校高一年级选修本课程的 20 位学生。

四、方案的主体部分

模块一:重现美丽的古巴比伦"空中花园"		
课程设计	古巴比伦是四大文明古国之一,这里曾经诞生了灿烂辉煌的科学成就和众多艺术瑰宝。举世瞩目的"空中花园"被誉为世界的七大奇迹之一,但由于历史上的战争因素,现已无迹可寻。人们只能凭借史书上的只言片语窥探其往日的风貌。试想在科技、文化等不甚发达的公元前 6 世纪,聪慧的劳动人民是用什么创造出这个惊世之作的? 我们可否利用基础的学科知识再现这座美丽的花园呢?	设计意图	1. 通过检索历史文献,了解文明古国的发展历史,培养人文情怀。 2. 模拟搭建古巴比伦"空中花园"的基本模型,培养运用物理、劳动技术、地理等学科的基础知识和技能解决实际问题的能力,体会古代劳动人民的智慧和艰辛。 3. 养护照料"空中花园"的日常,培养运用生物学、化学、艺术等学科的基础知识和技能解决实际问题的能力,提升艺术审美情趣。

	模块二:运用现代科技改造巴比伦"空中花园"		
课程设计	科技在进步,生活在改善,品味在提升,现代人对美好的事物充满渴求,"空中花园"不再是巴比伦王妃独有的消遣地,它可以走进我们每个人的生活。何不打造一个"空中花园"让我们的环境变得更宜居呢?教学楼的悬廊和屋顶、图书馆的墙壁、高架桥的天花板等都可以成为独特的"空中花园"。这一过程既需要考虑建筑结构本身的特点,还需要体现花园的"空中"特色,可谓是不小的挑战。	设计意图	1. 通过检索建筑类文献,了解建筑本身的结构特征,关注城市的变迁和发展。 2. 组建兴趣小组,选择真实的生活场景,打造宜居的"空中花园",培养运用建筑学、工程学、物理、生物学、劳动技术等学科的知识和技能解决实际问题的能力,热爱生活和科学,体会人与自然和谐相处的方式。

	模块三:设计未来城市的 AI"空中花园"		
课程设计	有人说,AI 必将成为未来世界的主导力量,它的发展势必引发新一轮的科技革命和社会变革。AI 引领、思路拓宽,"空中花园"还能有什么新创意?可否让"空中花园"变得更加智能?汽车的顶部可以改造成"空中花园"吗?人类可以随心所欲地让"空中花园"瞬间呈现在自己面前吗?灭绝的植物能再次回归"空中花园"吗?只有"异想",才能"天开"。期待着学生们的奇思妙想让未来的世界更加美好!	设计意图	1. 通过交流讨论,设计未来世界中的"空中花园"景象,培养学生的发散性思维和敢于创新的科学精神。 2. 通过 AI 技术,模拟出未来世界中的"空中花园",培养学生跨学科运用知识的能力,形成严谨的科学态度和缜密的思维。 3. 通过全息影像技术置身"空中花园",憧憬未来美好生活,培养热爱生命、热爱生活的情感,感悟科技带来的改变。

五、活动内容

"巴比伦'空中花园'的'奇迹'回归"教学设计概览

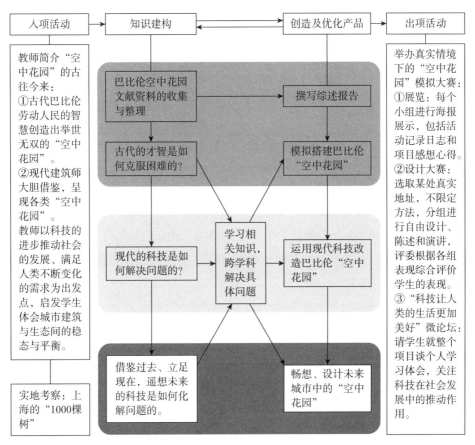

注：→表示项目的进展方向；—表示包含的内容。深底色区域分别代表3个逐级进阶的模块。

六、活动步骤

1. 入项活动（共3课时）

导入（1课时）：

教师简介"空中花园"项目和3个模块：

① 观看"空中花园"的简介视频，阅读相关历史文献，欣赏文物遗迹"空中花园浮雕"，感悟古人的聪明才智并思考：这到底是一个什么样的建筑呢？它的魅力

体现在何处? 当时的人们是如何建造的? 遇到哪些困难? 是怎样逐一克服的?

② 展示现代建筑师大胆借鉴、呈现的各类"空中花园"。体会科技让人类的生活更加美好。思考:这些现代"空中花园"的建筑特色是什么? 它们的实际用途有哪些? 二者是怎样结合在一起的? 如何体现它们的可持续发展?

③ 观看《流浪地球》《第五元素》《极乐空间》等科幻电影中未来城市的剪辑片段,思考:人类的文明和科技的进步应该如何让地球的生存环境变得更加美好? 科技服务对象仅仅是人类的一己之需吗? 未来人类世界中的"空中花园"应该是怎样的景象?

教师以科技进步推动社会的发展、满足人类不断变化的需求为出发点,启发学生体会城市建筑与生态间的稳态与平衡。

实地考察(1 课时):

带领学生实地参观普陀区莫干山路苏州河畔的"空中花园"——"1000 棵树",在生物学、数学、地理等学科教师的专业介绍中,体会人类如何运用科技不断地改造自然,使生活更加美好,继而在人类活动、建筑、自然三者间达到和谐的稳态。

入项预热(1 课时):

针对上述问题,与学生就有关"空中花园"的视频、图片和文献资料展开讨论。将学生分成若干小组,制订项目化学习的研究计划,开启"巴比伦'空中花园'的'奇迹'回归"项目化学习活动。

模块一 重现美丽的古巴比伦"空中花园"(10 课时)

学习过程	学生活动	教师活动
任务系列	1. 搜集史料,了解"空中花园"产生的时代背景,掌握对信息提取加工的研究方法,体会古人运用智慧改造自然环境的决心和勇气(2 课时)。 2. 依据史料信息,设计"空中花园"草图,解决建造、给水浇灌、植物供养、水土保持、维护等实际问题,学会在复杂情境中分析问题,提升学以致用的能力(3 课时)。 3. 实施方案,搭建"空中花园"模型,感悟人类活动对自然的改造,体会二者的和谐统一(4 课时)。 4. 根据模型,想象巴比伦人在花园中辛勤劳动的场景,分组描述他们一天的工作(1 课时)。	1. 指导学生学会文献的收集与整理、科学综述的撰写与修改。 2. 启发学生以"空中花园"为项目载体,发散思维,勤学多问;帮助学生对方案进行可行性分析。 3. 针对实施过程中遇到的问题,提出合理化的建议和解决的方法。 4. 设身处地地体会古代劳动人民的智慧、劳动的艰辛和科技带来的便捷。

（续表）

学习过程	学生活动	教师活动
探索成果	1. 巴比伦"空中花园"历史文献综述。 2. 巴比伦"空中花园"的还原设计图。 3. 巴比伦"空中花园"模型的搭建。	制订评价量表,对学生表现及作品展开多维度评价,促进学生的知识与技能的提升。
可能的问题	不会分拆、细化项目为小任务,每个小组按照自身特长和兴趣认领任务,可能会出现仅仅完成项目中的一部分的情况。	尊重学生的选择和个性化发展,适时给予帮助和指导。
主要资源	图书馆、中国知网数据库、互联网(网络搜索)、历史教师、生物学教师、地理教师、劳技教师、物理教师、学校创新实验室等。	为学生完成相关设计提供建议和帮助。

模块二　运用现代科技改造巴比伦"空中花园"(10 课时)

学习过程	学生活动	教师活动
任务系列	1. 通过问卷调查城市中的不同人群对"空中花园"建筑的看法,关注建筑在科技的引领下,对人与自然的和谐相处所起的推动作用(3 课时)。 2. 分小组走街串巷,寻找上海城市中的"空中花园",拍照打卡,撰写书面调研报告(3 课时)。 3. 在巴比伦"空中花园"模型的基础上,跨学科运用现代科技加以改造,形成现代版的"空中花园"(4 课时)。	1. 协助学生设计问卷。 2. 分组、协调学生的调研活动。 3. 鼓励学生发散思维,借鉴古人及今人的智慧成果对"空中花园"进行改建,体会科技带来的翻天覆地的变化。
探索成果	1. 城市人群对"空中花园"建筑的看法的问卷。 2. 上海"空中花园"的城市景观调研报告。 3. 现代版的"空中花园"模型。	制订评价量表,对学生表现及作品展开多维度评价,促进学生的知识与技能的提升,感悟建筑作为科技呈现的载体在人与自然相互作用间的作用。
可能的问题	如何将利用现代科技改造的"空中花园"做到可持续发展是改造的难点。	指导学生多借鉴、多思考、多实践,注重理论与实践的结合与统一。

（续表）

学习过程	学生活动	教师活动
主要资源	城市交通工具、具拍照功能的手机、对现代技术的掌握和运用等。	为学生提供学习资源。

模块三　设计未来城市的 AI"空中花园"（10 课时）

学习过程	学生活动	教师活动
任务系列	1. 通过交流讨论,绘制或描述未来世界的城市场景,并给出依据(1课时)。 2. 设计未来世界中的"空中花园"景象草图,说明其所起的作用,培养学生的创新思维和开拓精神(2课时)。 3. 利用 AI 技术构建数据库,打造"空中花园"智能匹配场景图,再用 VR 技术展现出虚拟景观图,培养学生学习新科技、应用新科技、与时俱进谋发展的探究精神(7课时)。	1. 引导学生理解人类活动对自然环境造成的影响。 2. 鼓励学生开动脑筋,充分发挥想象力来完成此项任务。 3. 与商汤科技和中国联通的相关技术人员联系,给学生们提供专业咨询和技术支持。
探索成果	1. 未来城市场景图的文字或草图说明。 2. 未来城市中"空中花园"的设计说明。 3. "空中花园"AI 数据库和 VR 模拟场景图软件。	肯定学生的项目成果,并鼓励学生根据兴趣和特长继续开展新的探索。
展示成果	1. 开设微信公众号,向大众推送整个实践创新课程的探索成果。 2. 利用校园开放日,向兄弟学校展示成果。 3. 联系各方媒体,报道探索成果。	组织学生完成相关的宣传等工作。
主要资源	影视作品 DVD、商汤科技技术支持、中国联通技术支持等。	

2. 出项活动（共 3 课时）

最后,在项目即将结束时,举办真实情境下的"空中花园"模拟大赛,邀请相关学科教师进行评判,学生们分组进行展示和比赛。

① 展示（0.5 课时）

每个小组进行海报展示,包括活动记录日志和项目感想等。

② 模拟设计大赛（2 课时）

选取某处真实地址，不限定方法，不拘泥形式，根据项目中获得的学习经验分组进行自由设计、陈述和演讲，评委根据各组作品综合评价学生的表现。

③ "科技让人类的生活更加美好"微论坛（0.5 课时）

请学生就整个项目或其中的某个环节谈论个人学习体会，关注科技在社会发展中的推动作用，感悟人类与自然的和谐与可持续发展。

七、难点、重点

重点：以"空中花园"为探究载体，深刻理解人与自然在互动过程中的稳态与平衡，科技的进步推动社会的发展，满足人类不断变化的需求，在此基础上持续发展，迭代更新。

难点：如何将对巴比伦"空中花园"和今天的"空中花园"的理解和实践进行迁移，创造一座未来的"空中花园"。

八、创新点

1. 课程选题具前瞻性，与黄浦区全面推进教育数字化转型的发展要求相吻合，具有时代性。

2. 指向创新素养，以"空中花园"的构建为载体，实现跨学科知识的整合，着眼于问题解决能力的培养，具有创新性。

3. 课程理念先进，整个项目注重多学科理论与实践的结合，在"空中花园"的模拟搭建过程中真正落实核心素养，发展学生终身学习及创新实践能力，在学校具有示范作用，在市、区有一定的影响力。

4. 课程具有跨学科、跨领域、综合实践性强等特征，推广性强，便于普及且可持续发展。

九、利用的各类科技教育资源（场所、资料、器材等）

1. 场所

学校生物创新实验室、学校校园、普陀区莫干山路苏州河畔的"空中花园"——"1000 棵树"、上海市区各"空中花园"景点等。

2. 资源

图书馆、中国知网数据库、互联网（网络搜索）、各相关学科教师、具拍照功能的手机、现代 AI 技术的借鉴和运用、影视作品 DVD、商汤科技技术支持、中国联通技术支持等。

十、可能出现的问题及解决预案

1. 可能出现的问题

（1）无法根据文献重现巴比伦"空中花园"

据说巴比伦的"空中花园"建于公元前 6 世纪，目前并没有确切的史料记载，更没有实物留存，在模块一中要想模拟重现这座花园，对高一学生是一个不小的挑战。

（2）无法实施现代版的"空中花园"的搭建

模块二中的设想是希望学生能在校园中自选场景进行"空中花园"的实体搭建，但可能会与学校的整体规划、资金配置等方面有冲突，不能在现实的场景中实施这一过程。

（3）无法熟练运用相关科技打造未来世界中的"空中花园"

模块三中需要利用 AI 等技术构建数据库，打造"空中花园"智能匹配场景图，再用 VR 技术展现出虚拟景观图，这些技术的掌握和运用对于高中学生而言是很难实现的。

2. 解决预案

（1）针对问题（1）无法根据文献重现巴比伦"空中花园"

因为真实的巴比伦"空中花园"早已不复存在，若想在两千多年后的今天重现彼时的盛况，需要对当时的生产力水平和艺术造诣有深入的了解，这就对学生的文献检索能力提出很高的要求，学生要通过学习将各门学科知识尽量按照当时的生产力水平互相融合，解决搭建过程中出现的各种问题。

（2）针对问题（2）无法实施现代版的"空中花园"的搭建

当选择搭建"空中花园"的地址与学校的整体规划不一致时，可以让学生在实验室中模拟搭建，这既可以降低实际的运营成本，又可以让学生体会模型与建模的思想，并能够将模块一中学习到的知识和实践经验很好地加以应用和改进。

（3）针对问题（3）无法熟练运用相关科技打造未来世界中的"空中花园"

AI 与 VR 是较为专业的领域,高中学生要想熟练运用并制作相关产品是存在实际困难的。因我校与商汤科技和中国联通有合作交流,可以借助社会力量开展相关研究。如果没有这类条件,还可以通过绘画、语言描述等形式呈现未来世界中的"空中花园"。

十一、预期效果与呈现方式

1. 预期效果

学生通过参与本课程的项目化学习,在获得相关学科知识和技能的基础上,丰富人文积淀,树立生命观念,形成科学的思维习惯、悦享生活的理念,培养发现、鉴赏和创造美的能力,不断提升人文素养和科学素养。在发现问题、获取信息、寻找方案、演算推导、解决问题的过程中,能运用多学科特别是 AI 技术,学会获取、判断和处理信息,培养信息化时代的学习与发展能力,拓展终身学习及创新实践的能力,感悟人类对于自然的改造及如何与自然和谐共处,为走向社会参与实践打下坚实的基础。

2. 呈现方式

（1）巴比伦"空中花园"历史文献综述、巴比伦"空中花园"的还原设计图、巴比伦"空中花园"模型的搭建。

（2）城市人群对"空中花园"建筑的看法的问卷、上海"空中花园"的城市景观调研报告、搭建现代版的"空中花园"。

（3）未来城市场景图的文字或草图说明、未来城市中"空中花园"的设计说明、"空中花园"AI 数据库和 VR 虚拟景观图软件。

十二、效果评价标准与方式

1. 活动评价量表

本量表适用于项目中涉及的各项活动,包括巴比伦"空中花园"历史文献综述的撰写过程、巴比伦"空中花园"的还原设计、巴比伦"空中花园"模型的搭建过程等。学生把每一次参加活动的情况如实记录在手册上,自评、组评、师评相结合,其中,小组评价由组内成员讨论确定。具体评价表内容如下（表 4 - 10）。

表4-10 活动评价表

项目	A	B	C	D	个人评价	小组评价	教师评价
认真度	态度非常认真,积极思考问题。	态度较为认真,能较为积极地思考问题。	认真程度一般,能思考问题。	态度不认真,不思考问题。			
参与度	有极高的参与热情,并落实到实践。	有较高的参与热情,能落实到实践。	有参与热情,实践的主动性不强。	没有参与热情,不愿参与实践活动。			
资料收集	资料非常全面,内容非常翔实,手段非常多样。	资料较为全面,内容较为翔实,手段较为多样。	资料片面,内容不太翔实,手段较为单一。	资料不全面,内容不翔实,手段单一。			
资料整理	类别非常有条理。	类别比较有条理。	类别不太有条理。	没有条理。			
交流情况	非常愿意提问,逻辑清晰,有很好的语言表达能力。	愿意提问,逻辑较为清晰,有较好的语言表达能力。	能够提问,逻辑不甚清晰,语言表达能力较弱。	不愿提问,逻辑混乱,语言表达能力较差。			
科学素养	具有很好的科学思维能力,积极主动探究。	具有较好的科学思维能力,愿意探究。	科学思维能力一般,可以探究。	不具有科学思维能力,不愿探究。			
问题解决	很好地运用跨学科知识解决问题。	能运用跨学科知识解决问题。	可以运用跨学科知识解决问题。	不会运用跨学科知识解决问题。			
团结协作	积极主动地配合小组其他成员完成整个项目。	愿意配合小组其他成员完成整个项目。	不太愿意配合小组其他成员完成整个项目。	不愿配合小组成员完成整个项目。			

（续表）

项目	A	B	C	D	个人评价	小组评价	教师评价
动手能力	动手能力强,能快速精准地完成活动任务。	动手能力较强,能较好地完成活动任务。	动手能力一般,能完成活动任务。	动手能力较差,不能完成活动任务。			
活动整体目标达成情况	很好	较好	一般	不好			
我这样评价自己							
同伴这样评价我							
教师的话							
评价结果（总分）							

填表说明:

1. 本评价表在每次活动结束后完成。

2. 本评价表主要针对学生的活动表现情况作评价。

3. 定量评价部分总分为 100 分,A 对应 10 分,依次递减 2 分,D 对应 4 分。最后总分取值为教师评、小组评和自评分数按平均值计算。

定性评价部分分为"我这样评价自己""同伴这样评价我"和"教师的话",都是针对被评者作概括性描述和建议,以帮助被评者改进与提高。

2. 成果评价量表

本量表适用于项目中涉及的各项成果即产品,包括巴比伦"空中花园"设计还原草图、上海城市景观调研报告、校园中的"空中花园"的搭建等。学生把每一次取得的项目产品评价整理、汇总在手册上,自评、组评、师评相结合,其中,小组评价由组内成员讨论确定。具体评价表内容如下(表 4-11)。

表4-11 成果评价表

项目	A	B	C	D	个人评价	小组评价	教师评价
设计理念	很好地体现人与自然的和谐与统一。	能体现人与自然的和谐与统一。	可以体现人与自然的和谐与统一。	不能体现人与自然的和谐与统一。			
创新性	立意新颖，能体现想象力和创造力。	立意较新颖，能在一定程度上体现想象力和创造力。	立意一般，不能很好地体现想象力和创造力。	立意不新颖，不能体现想象力和创造力。			
科学性	构思、设计、制作非常符合科学原理。	构思、设计、制作较能符合科学原理。	构思、设计、制作部分符合科学原理。	构思、设计、制作不符合科学原理。			
实用性	对城市建设具有很好的参考价值。	对城市建设具有较好的参考价值。	对城市建设具有一定的参考价值。	对城市建设不具有参考价值。			
艺术性	作品精致，具有很好的艺术欣赏价值，值得收藏。	作品较为精致，具有艺术欣赏价值，适合收藏。	作品不太精致，艺术欣赏价值一般，可以收藏。	作品不精致，不具有艺术欣赏价值，不值得收藏。			
评价结果（总分）							

填表说明：

1. 本评价表在每次成果作品完成后填写。

2. 本评价表主要针对学生的作品作评价。

3. 定量评价部分总分为50分，A对应10分，依次递减2分，D对应4分。最后总分取值为教师评、小组评和自评分数按平均值计算。

3. 总结评价量表

本量表适用于对最后的出项活动，模拟设计"空中花园"大赛进行评价和考量,旨在考查学生对整个课程目标的达成与对"稳态与平衡、科技在人类社会发展进程中所起的作用"的理解(表4-12)。

表4-12　总结评价量表(出项活动)

项目	A	B	C	D	E	个人评价	小组评价	教师评价
在你的设计中,你注重了花园与周围环境的和谐与统一吗?	非常注重	比较注重	一般注重	不太注重	不注重			
你的设计的出发点是兼具美观与实用吗?	非常兼具	比较兼具	基本兼具	不太兼具	不兼具			
"空中花园"的可持续性在你的设计因素中占有的比例	非常大	比较大	比例一般	不太大	不大			
"空中花园"的设计中成本这一因素所占的比例	非常大	比较大	比例一般	不太大	不大			
你对"空中花园"的设计的系统性的理解	非常理解	比较理解	一般理解	不太理解	不理解			
在你遇到困难时,你采取的措施是?	积极应对	比较积极应对	一般积极应对	不太积极应对	不积极应对			
你认为知识的应用在解决问题时所占的比例	非常大	比较大	比例一般	不太大	不大			
你赞同欠缺的知识可以通过跨学科的交融来弥补吗?	非常赞同	比较赞同	基本赞同	不太赞同	不赞同			

（续表）

项目	A	B	C	D	E	个人评价	小组评价	教师评价
你认为自己设计的"空中花园"方案中科技所占的比例	非常大	比较大	比例一般	不太大	不大			
你对自己的设计作品的满意程度是	非常满意	比较满意	基本满意	不太满意	不满意			
我这样评价自己								
同伴这样评价我								
教师的话								
评价结果（总分）								

填表说明：

1. 本评价表在模拟设计"空中花园"活动结束后完成。

2. 本评价表主要针对学生的活动表现情况作评价。

3. 定量评价部分总分为 100 分，A 对应 10 分，依次递减 2 分，D 对应 4 分。最后总分取值为教师评、小组评和自评分数按平均值计算。

4. 定性评价部分分为"我这样评价自己""同伴这样评价我"和"教师的话"，都是针对被评者作概括性描述和建议，以帮助被评者改进与提高。

第五章

跨学科视角下高中生物学项目化学习课内教学实践

第一节 "模拟植物花色性状分离"的教学设计

跨学科项目化学习指向学生的问题解决能力,学生在问题情境中探究学习,实现知识的跨情境迁移。"模拟植物花色性状分离"是沪科版高中《生物学(必修2):遗传与进化》第2章第2节中的一个探究建模实验,本教学设计依据新课标对实验内容进行了重整,组织学生开展项目化学习,对实验装置及实验过程进行分析和创新,以缩短时长、减少主观误差、可视化统计过程为例,综合运用多学科知识,培养科学思维,激发探究精神,落实生物学学科核心素养。

新课标指出:"生物学课程要求学生主动地参与学习,在亲历提出问题、获取信息、寻找证据、检验假设、发现规律等过程中习得生物学知识,养成科学思维的习惯,形成积极的科学态度,发展终身学习及创新实践能力。""加强学科间的横向联系,……这将有利于学生建立科学的生命观,逐步形成正确的世界观,发展生物学学科核心素养。"由此可见,高中生物学注重学科间的相互联系与科学精神的渗透,关注学生核心素养的达成,培养能够适应未来发展的人。而项目化学习模式作为培育科学素养的一种重要手段受到了普遍的关注并获得了快速发展。其指向问题解决的学习方式,通过对蕴含核心概念的驱动性问题的持续探究,引发学生对真实、复杂问题的思考和解决,调动所有知识、能力、品质等创造性地解决问题,形成公开、可视化的成果,实现跨情境的知识迁移,切实培养学生对现实复杂问题的解决能力。本文结合学生的实际认知水平,调动学生跨学科融合专业知识,以性状分离比模拟实验的改进为例,组织学生开展项目化学习,交流、展示项目成果,以项目激发学生的学习热情,落实生物学学科核心素养。

一、分析实验内涵,抓住问题本质

教材中"模拟植物花色性状分离"实验采用模型建构的方式验证孟德尔的分离定律,学生通过从布袋中随机抓取小球理解分离定律的实质,数理统计性状分离比。但该模拟实验也存在一些不足,如抓取次数较多、耗时较长、统计烦琐等。教师在实施本节教学内容时,启发学生思考模拟实验的本质是什么,并以此为切入点,将鼓励学生发散思维、改进实验作为项目化学习的内容。

　　经过讨论,学生一致认为"模拟植物花色性状分离"的核心是雌、雄生殖器官能产生等比例的带有等位基因的配子,并且两者的结合是随机的,这与杂合子的自交本质特征是相似的。无论如何改进,模拟实验依据的科学本质是不能变的,变的是形式、装置或操作等。明确了不变的问题本质,学生们按照自己的兴趣特长组建项目小组,开展改进工作。教师需要提醒学生,变是为了使原有的操作更高效、现象更明显,如果改变不能起到上述效果,需要转变设计思路,尝试其他改进方向。

二、尝试分拆问题,确立任务目标

　　跨学科的项目化学习指向学生的问题解决能力,如果问题的难度超出了学生现有的水平,要将其转化为与学生相关联的驱动性问题,增加问题与学生的"黏性",让学生更易接受。教师要教会学生如何把有困难的大问题拆解、分割成容易上手的小问题,降低问题的"处理门槛",学生可以在积极的情感体验中进行具体的实施和思考,探索多样的解决方案,培养创造性思维,提升学习的自我效能感。

　　对于实验的改进,学生起初是盲目的,教师予以引导,让学生尝试说出原有实验的1~2个缺点,这样做的目的是让学生能够结合实际操作进行思考、分析,自己发现需要改进的方面,同时教师给予充分的信任和鼓励。实验的改进很难做到完美,尤其是经典实验的改进,如果能够改进其中的某个方面就是很大的进步。经过讨论和分析,每个小组进一步确立了自己的改进目标,方向不尽相同:有的选择缩短实验时长,有的选择减少主观误差,有的选择精简实验装置,有的选择简化统计过程等(图5-1)。学生们认识到,以单一学科知识去解决问题是难以实现的,须要糅合、运用多个学科,灵活开展跨界学习实践活动,培养高阶思维能力。

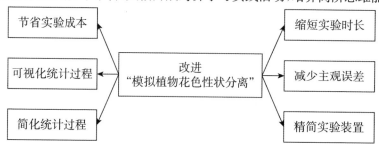

图5-1　分拆"模拟植物花色性状分离"实验中的问题示意图

三、设计实践活动，形成项目成果

跨学科的项目化学习指向培养具有综合素质的问题解决者，整个过程需要学生亲身体验，需要学生带有思考、假设、探究性质的动手动脑的行动，学生的角色转化为主动探究问题解决方法的实践者。在项目化学习中，学生大都扮演学科专家的角色，实践活动聚焦学科专业知识，更具有专业性。每个小组改进的方向不同，制订的目标也就不同，设计的实践活动方案也有所差异，需要预先填写项目报告（表5-1），根据拟定的方案改进实验。这里摘选三个具有代表性的小组的实施过程做一分享。

表5-1　基于项目化学习创新"模拟植物花色性状分离"实验项目报告

项目小组编号		项目组成员	
原实验中的不足之处			
改进目标			
所需材料			
实施步骤			
成果展示			

1. 缩短实验时长小组

在教材中，该实验采用纸笔记录数据，然后用计算器进行计算，对于这一点，大家首先想到用 Excel 软件来替代计算器，批量计算以节约时间；实验过程中抓取、放回、混匀小球的环节耗时费力，大家想到可以借助于网络或 App 中现有的随机程序，模拟抓取小球的实验过程；后来有学生提议运用信息课上学习到的 Visual Basic 语言（简称 VB 语言）自编一套实验程序，可以任意输入抓取次数并计算比例，将实验的过程、记录和统计全部涵盖进去，结果最大程度节省了实验时间，由抓取 1000 次大约需要 40 min 缩短到 1 min（图5-2）。从目标的设立到模拟程序的完成，学生在不断地假设、求证、推翻、设计、再求证的循环中形成迭代思考，最终完成了缩短实验时长的目标，应用跨学科知识解决问题的能力也得到了提升。

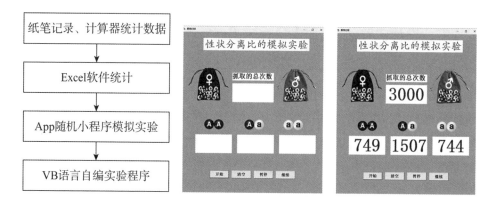

图 5-2　缩短实验时长小组的改进过程及用 VB 语言自编的模拟性状分离比实验程序

2. 减少主观误差小组

这个小组认为,两手从布袋中抓取小球,会不可避免地产生主观误差,如果装置没有人为抓取,两个布袋模拟的雌、雄生殖器官随机产生精、卵配子,将会使实验更加严谨。改进方案①:将两个培养皿中装入黑白两色珠子,皿盖上面覆盖一层只留有一个孔的不透明纸片,两手同时摇动,停下时观察、记录小孔中珠子的颜色;改进方案②:在两个透明罐子中各放一枚硬币,封口,上下晃动,记录硬币的正反面。利用这两个方案虽然减少了人为误差,但每次只能记录一组数据,后来大家又想到了一个可以批量观察组合的方案③:准备两张纸条,均匀地打上方格,随机将一些方格涂成黑色,每个方格代表含有 A 或 a 的配子,两张纸条分别代表雌、雄生殖器官(图 5-3),将两个纸条摆放在一起,任意拖动以改变两者的相对位置,上下方格的组合即表示精、卵的随机结合,学生记录多组数据,再次拖动,组合发生改变,学生再次记录(表 5-2)。利用这些改进方法均达成了尽量减少主观误差这一目标。

图 5-3　代表雌、雄生殖器官的纸条(黑色和白色方格分别代表含有 A 和 a 的配子)

表 5 - 2　精、卵随机结合情况统计表

精、卵随机结合次数	图解	基因型组合		
		AA	Aa	aa
第 1 次		6	4	7
第 2 次		6	7	3
第 3 次		5	11	3
第 4 次		6	9	3
第 5 次		6	9	5
总计	(AA＋Aa)：aa＝69：21≈3：1			

3. 可视化统计过程小组

按照概率学理论,随着抓取次数的增多,小球组合中代表性状的分离比会趋于 3：1,但趋于的过程很难直观显示,小组希望借助仪器模拟出两者的比例动态关系曲线图,记录它们的比例变化轨迹。他们请教了有关专家和技术人员,运用 TI 图形计算器编写程序,外接随机闪烁的分别标有 A 和 a 的彩灯,制作出实验模拟装置(图 5 - 4)。按照操作步骤,首先运行 main(),按 ENTER 键开始,Speed 值表示每一次生成的基因型组合数量,默认为每次生成 1 个基因型〔图 5 - 5(a)〕;Cycle Number 值表示同时抓取生成的子代基因型总次数,可以输入任意数字〔图 5 - 5(b)〕;进入系统后,按下相应的功能键对应的数字,程序开始运行或停止,如:[1]Generate 代表手动生成组合结果,[2]Auto 代表系统自动生成组合结果,[3]Stop 代表停止运行,[4]PAUSE 代表暂停/继续〔图 5 - 5(c)〕;最终,获得(AA＋Aa)：aa 的比值变化曲线〔图 5 - 5(d)〕。图中显示的是 500 次的抓取过程轨迹,可以清晰地看出,性状分离比围绕着 3：1 波动,但

随着次数的增多,比值逐渐趋近于 3∶1。

图 5-4 连有 TI 图形计算器的实验装置

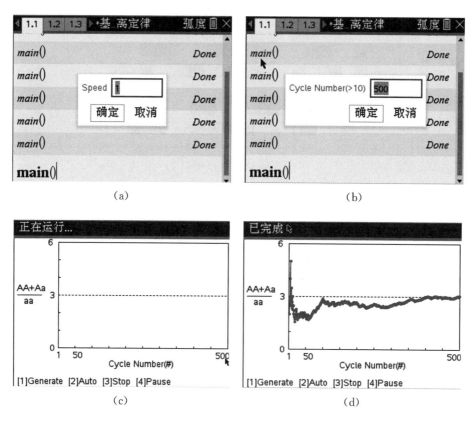

图 5-5 实验装置操作流程显示图

四、展示项目成果,撰写项目报告

项目活动结束后,每个小组都完成了项目报告,并进行了展示活动,教师组织大家对报告进行交流和讨论。在形成报告的过程中,学生充分发挥才智和技能,跨学科解决问题的能力得到了提升。在报告交流阶段,学生畅所欲言,分享发现和小组成果,这也是跨学科项目化学习中不可或缺的组成部分。

表现性评价要求学生"在某种特定的真实或模拟情境中,运用先前所获得的知识完成某项任务或解决某个问题,以考查学生知识与技能的掌握程度、问题解决、交流合作和批判性思考等多种复杂能力的发展状况"。表现性评价是注重过程的评价,立足真实或模拟的现实生活情境,关注学生的真实表现。在本次项目化学习中,教师向学生征集评价的方面和依据,让学生参与设计评价量表,不以单一的量化标准进行评价,最终的项目成果不作为唯一的评判依据,而是以侧重过程的表现性评价进行判定,引入多元评价方式,寻找学生的突出表现并适时提出建议,促进学生学习能力的不断提升,落实学科核心素养(表5-3)。

五、活动反思

在开展项目化学习活动之前,很多学生先查找相关文献,从中学习了不少改进的方法,开拓了思路,但这同时也容易禁锢思维。如何在他人的工作基础上做出自己的特色是这次项目化学习的难点,教师鼓励学生迎难而上,也希望他们能开动脑筋,不墨守成规。事实证明,项目化的学习方式是可以充分发掘学生的潜力和智慧,从而使他们设计出令人欣喜的作品的。

高中生物学课程标准要求学生体验科学探究的过程,学习科学研究的方法,加深对科学本质的认识,增强创新精神和实践能力。基于项目化学习教学方式的应用可以提供这样的平台,以不变的核心知识为出发点,启发学生通过多学科知识的综合应用寻求问题的最佳解决方案。在这次跨学科改进"模拟植物花色性状分离"实验的项目化学习活动中,学生以雌、雄杂合子产生等比例不同的配子并随机结合为内在契机,应用数学的统计运算、模型构建、VB语言和TI图形计算器等技术方法,尝试化解实验中存在的问题,不仅增强了创新意识,也对问题的解决方式有了全新的体会。

表 5-3　基于项目化学习创新"模拟植物花色性状分离"实验评价表

项目	A	B	C	D	个人评价	小组评价	教师评价
认真度	态度非常认真，积极思考问题。	态度较为认真，能较为积极地思考问题。	认真程度一般，能思考问题。	态度不认真，不思考问题。			
参与度	有极高的参与热情，并落实到实践。	有较高的参与热情，能落实到实践。	有参与热情，实践的主动性不强。	没有参与热情，不愿参与实践活动。			
交流情况	非常愿意提问，逻辑清晰，有很好的语言表达能力。	愿意提问，逻辑较为清晰，有较好的语言表达能力。	能够提问，逻辑不甚清晰，运用语言的能力较弱。	不愿提问，逻辑混乱，运用语言的能力较差。			
科学素养	具有很好的科学思维能力，积极主动探究。	具有较好的科学思维能力，愿意探究。	科学思维能力一般，可以探究。	不具有科学思维，不愿探究。			
团结协作	积极主动地配合小组其他成员完成整个项目。	愿意配合小组其他成员完成整个项目。	不太愿意配合小组其他成员完成整个项目。	不愿配合小组成员完成整个项目。			
动手能力	动手能力强，能快速精准地完成活动任务。	动手能力较强，能较好地完成活动任务。	动手能力一般，能完成活动任务。	动手能力较差，不能完成活动任务。			
活动整体目标达成情况	很好	较好	一般	不好			

（续表）

项目	A	B	C	D	个人评价	小组评价	教师评价
作品创新性	立意新颖，能体现想象力和创造力。	立意较新颖，能在一定程度上体现想象力和创造力。	立意一般，不能很好地体现想象力和创造力。	立意不新颖，不能体现想象力和创造力。			
作品科学性	构思、设计、制作非常符合科学本质。	构思、设计、制作基本符合科学本质。	构思、设计、制作部分符合科学本质。	构思、设计、制作不符合科学本质。			
作品实用性	作品实用，可操作性强。	作品较为实用，具有一定的可操作性。	作品不太实用，可操作性一般。	作品不实用，不具有可操作性。			
自我评价							
同伴评价							
教师评价							
评价结果（总分）							

填表说明：

1. 本评价表在活动结束时完成。

2. 本评价表主要针对学生的活动表现情况作评价。

3. 定量评价部分总分为 100 分，A、B、C、D 分别对应 10 分、7 分、4 分、0 分。最后总分取值为教师评、小组评和自评分数按平均值计算。

4. 定性评价部分分为"自我评价""同伴评价"和"教师评价"，都是针对被评者作概括性描述和建议，以帮助被评者改进与提高。

第二节 "建构血糖平衡的调节模拟模型"的教学设计

项目化学习主张学生在一段时间内对与学科或跨学科有关的驱动性问题进行深入、持续的探索,在其调动所有知识、能力、品质等创造性地解决新问题并形成公开成果的过程中,提升对核心知识和学习历程的深刻理解。这与新课标倡导的基本理念"教学过程重实践"具有共通之处,后者"强调学生学习的过程是主动参与的过程,……通过探究性学习活动或完成工程学任务,加深对生物学概念的理解,……探讨或解决现实生活中的某些问题"。如何通过项目化学习的模式,在实践中贯穿课程理念,实现跨学科知识的整合是值得思考的关键问题。基于课程标准中的关键能力或概念,并指向创造性、批判性思维,探究与问题解决,合作等重要的跨学科素养,借助这种双线并进的设计,以"问题驱动—自主探究—成果展示"为框架(图 5-6)建构项目化学习的基本模型能较好地解决上述问题。本文以组织学生"建构血糖平衡的调节模拟模型"为例,阐述基于项目化学习的跨学科整合与实施过程。

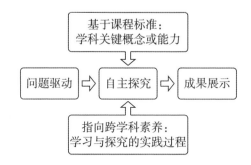

图 5-6 双线并进的项目化学习框架

一、问题驱动

"建构血糖平衡的调节模拟模型"是沪科版高中《生物学(选择性必修 1):稳态与调节》"激素通过反馈调节和分级调节维持稳态"中的内容,书上有这样的描述:"当我们进食后,血糖浓度随之增高,但很快能恢复至正常水平(图 5-7)。"学生产生疑问:是什么影响了血糖的浓度变化? 血糖浓度为什么会很快恢复至正常水平？经过查询资料并咨询医生了解到临床上一般是间隔 1 h 采血 1 次，或者通过安置在组织液中的一种血糖检测仪，间接检测血糖浓度，每次间隔 5 min，然后获取相关的数据并绘制出曲线。学生在问题的驱动下萌生想法：可否借助其他学科的知识构建一个影响血糖变化的相似模型，在体外模拟体内血糖的实时浓度变化曲线呢？借助这一模型，一方面可以加深对血糖的来源和去路的理解；另一方面也使整个变化过程变得直观可见，培养利用知识迁移解决实际问题的探究能力。在上述系列问题的驱动下，学生展开了体外模拟血糖平衡调节的项目化研究。

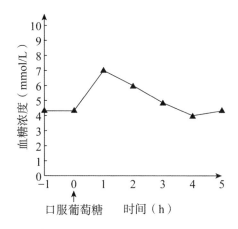

图 5‑7　餐后血糖浓度变化的时间曲线

二、自主探究

1. 基于课程标准：学科关键概念——血糖平衡的调节机理

通过学习，学生了解到正常人空腹时的血糖浓度在一个范围内（3.89～6.11 mmol/L）变化，这是神经系统和内分泌系统共同调节的结果，使血糖的来源与去路达到相对的平衡。健康人进食后，食物中的淀粉、蔗糖及麦芽糖，肉制品中的肌糖原，牛奶中的乳糖等，分解或转变成葡萄糖，被小肠黏膜细胞吸收后扩散进入血液，短时间内血糖浓度会出现缓慢上升，但随后葡萄糖转变为肝糖原或肌糖原，或到达组织细胞，经过分解代谢，血糖浓度又会有所回落，之后趋于相对稳定，保持动态的平衡（图 5‑8）。这些概念是理解血糖平衡调节的基础，也是学生进行模型建构的重要依据。后续的驱动性问题是用什么模拟血糖，来源及去路怎么表示，如何将这种变化转化为可视化的曲线图。围绕着这 3

个问题,学生展开了思考和讨论。

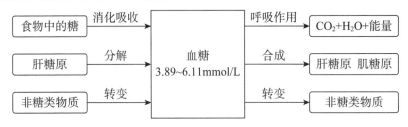

图 5 - 8　血糖的主要来源和去路

2. 指向跨学科素养:学习与探究的实践过程

（1）寻求对策解决问题

血糖的变化是一个生化反应过程,可以运用化学物质及反应加以模拟,在反复求证之后,学生想到了将血糖的高低转化为溶液 pH 的变化,利用酸碱滴定调节模拟低血糖(pH＜7)和高血糖(pH＞7)的状态(图 5 - 9)。相关的化学反应方程式如下:

$$NaOH + HCl \longrightarrow NaCl + H_2O$$

$$Na_2CO_3 + HCl \longrightarrow NaCl + H_2O + CO_2 \uparrow$$

$$Na_2CO_3 + CaCl_2 \longrightarrow NaCl + CaCO_3 \downarrow$$

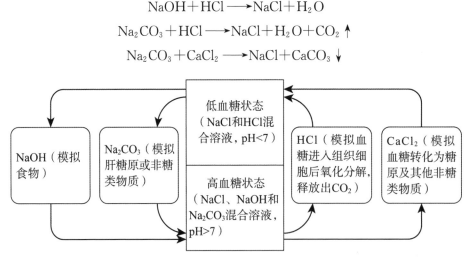

图 5 - 9　利用酸碱滴定模拟血糖平衡的设计方案

（2）跨学科设计模拟方案

将 NaCl 和少量 HCl 混合,溶液 pH＜7,模拟低血糖状态。血糖的 3 个来源可以用 NaOH 模拟食物中的糖类物质,用 Na_2CO_3 模拟肝糖原或非糖类物质,滴加后溶液 pH 随之升高,模拟血糖浓度逐渐上升,传感器感知信号超出预设范围后,触发装置自动添加 HCl 和 $CaCl_2$ 溶液,模拟血糖的 3 个去路。前者与 NaOH、Na_2CO_3 反应,生成物中有 H_2O 和 CO_2,表示血糖被各个组织细胞吸收利用,氧化分解。后者的 Ca^{2+} 与 CO_3^{2-} 生成 $CaCO_3$ 沉淀,模拟血糖合成为肝糖原和肌糖原或转化为非糖类物质暂时储存起来,溶液逐渐恢复 pH 为 7 直至低于 7 的状态,血糖浓度回落。pH 传感器外接 TI 图形计算器,将溶液中的化学信号转化为数字信号,绘制出溶液 pH 变化曲线,模拟血糖浓度的变化。上述过程巧妙地将生物与化学知识进行了结合,学生既加深了对生物学本体知识血糖来源与去路的理解,又将其实质用化学手段加以呈现,真正实现了跨学科项目化探究与实践,在这期间,学生的逻辑分析能力、模型与建模的思想、知识的迁移与应用能力等均得到培养与提升。

3. 搭建并测试模拟实验装置

搭建好实验装置(图 5 - 10)后,插上电源,打开电机,按 TI 图形计算器上的 ENTER 按钮,血糖调节的模拟程序开始运行。随着时间的推移,会在 TI 图形计算器的显示屏上呈现溶液中动态的模拟变化过程(图 5 - 11),还可通过 PAUSE 按钮暂停。

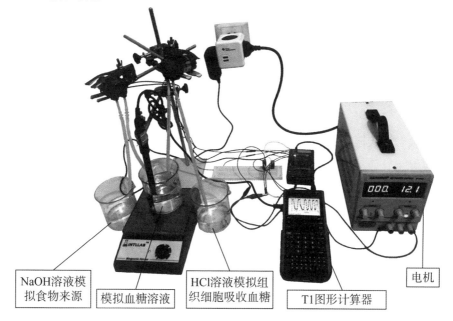

图 5 - 10　血糖调节的模拟装置

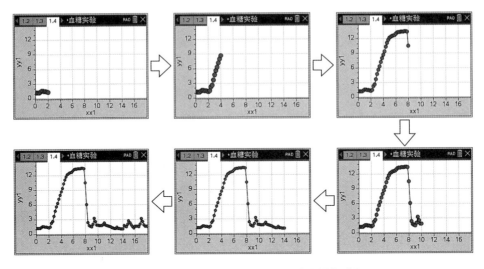

图 5 - 11　TI 图形计算器上显示的动态模拟过程

三、成果展示

　　利用该装置,学生能尝试运用化学试剂模拟血糖变化过程中的物质变化,相关反应对应血糖变化中的过程,说明已经深入地理解了有关的核心知识点,且对动态的变化过程有了辩证的认识。学生还发现,除模拟正常人空腹或进餐后的血糖浓度变化外,利用该装置还可以模拟异常血糖浓度的变化,如低血糖症和高血糖症、糖尿病等,只需采取手动或者设置相应的参数,滴加相应的溶液即可完成。

四、小结与反思

　　项目化学习表面上改变的是学与教的方式,但事实上却触及对学科知识本质的理解,对教师和学生都有挑战性。在这一过程中,首先要有驱动性问题的提出,在上述案例中,学生能从教材中发现问题并进行深入的思考是非常难得的,教师一定要给予适当的鼓励和引导,以激发他们进一步解决问题的欲望。接下去要围绕驱动性问题,逐步将"知道什么"和"能做什么"联系起来,用"能做什么"驱动学生不断去主动学习和掌握更多的知识,学会学习和思考。可能有些内容已经超出了教师自身的认知范畴,教师扮演的角色更多的是鼓励和学科内的指导,需要以一种求索者的身份和学生一起探究。在这个模拟实验中,学生原本的设想是将葡萄糖溶解在水溶液中，通过添加合成酶或水解酶观察葡萄糖的状态，再利用传感器检测葡萄糖的浓度，但实测时发现葡萄糖属于非电解质，很难通过水溶液中的传感装置检测出，所以这个设想被推翻。

项目化学习的探究过程有失败的可能，但学生们没有气馁，在失败的基础上学习到了新的知识，他们转换思路，联系其他学科的知识，用电解质模拟葡萄糖的多少，使问题逐渐明朗，最终得到了解决，成功搭建出了一个体外的血糖调节的模型。虽然最终的模拟过程与血糖的变化不尽相同，但难能可贵的是学生对于跨学科知识的迁移和应用。

这其实就是探究的过程，探索就要允许失败，允许反复，这也会让学生明白科研的道路不是一帆风顺的，方法 A 不行可换方法 B，再或者方法 C，等等，一次次挫折的背后是探究能力的提升和科学素养的养成。面对项目成果，学生并不满足，还产生了新的疑问：甲状腺激素的分级调节可否模拟？还可以借鉴哪些学科的知识解决问题？……而这更加印证了探究是螺旋式的上升历程，失败、挫折、结论出现的同时伴随着新的发现与问题。

第三节　"探究培养液中酵母种群数量的变化规律"的教学设计

实验"探究培养液中酵母种群数量的变化规律"选自沪科版高中《生物学（选择性必修 2）：生物与环境》第 1 章第 2 节，旨在让学生通过对酵母种群数量的动态变化进行观察与统计，建立数学模型解释种群的数量变化规律，提升使用科学方法总结生态学规律和机制的能力。新课标中对应的学业要求是"运用数学模型表征种群数量变化的规律，分析和解释影响这一变化规律的因素，并应用于实践活动中"。数学模型是联系实际问题与科学研究的桥梁，具有解释、判断、预测等重要功能，是发现问题、解决问题和探索新规律的有效途径。学生通过构建数学模型，不仅能促进对重要概念的理解，也有利于发展与提升科学思维、科学探究素养。但是教材中安排对酵母种群连续培养至少 5 天，运用血细胞计数板在显微镜下进行人工计数获得数据，步骤复杂、耗时较长，对教学时间有一定要求；学生尚不具备微生物纯种培养技能，操作过程可能会对酵母种群造成污染,影响数学模型的有效构建,削弱在核心素养培育方面的功能。在必修 1 的实验中,学生多次使用分光光度计,熟知其定量测定的原理和操作步骤。根据朗伯—比尔定律,当光束通过微生物悬液时,菌体的散射及吸收降低了光束的透过量。在一定浓度范围内,悬液中的细胞浓度与液体的吸光度(OD值)成正比,与透光度成反比。教师通过色度计、TI 图形计算器、数码显微镜与智能计数 App 对实验进行改进,可优化实验流程,加快建模进度,自动化采集数据并拟合生长曲线,缩短实验周期,提升课堂效率,拓展创新思维。

项目化学习是一种教学与学习的方式,其核心在于面向真实问题,通过解决真实问题的过程来进行学习。它基于课程标准,通过驱动性问题(任务)牵引,以项目成果为导向,利用学习支架等支持手段对教材内容进行重新组合,从而拓展学习内容,形成新的经验单元,进一步优化学与教的过程。

本实验设置驱动性问题"如何构建有限资源条件下种群数量的变化规律?",将项目化学习贯穿于实验改进的始终,引导学生转换实验设计思路,对有限的培养环境中的酵母种群数量展开探究,提升了数学建模思维,落实了学科核心素养的培育。

一、材料准备

配置 2% 葡萄糖和 2% 蛋白胨的液体培养基 1 L,灭菌备用。按照 3 g 酵母:1 L 培养基比例加入酵母粉,30℃、120 r/min 条件下培养 10 h,活化,备用。

取活化的菌悬液,按 5% 的接种量分别接种于 19 个装有 60 mL 培养基的 150 mL 三角瓶中,其中 1 个标记为 0 h,其余 18 个在 30℃、120 r/min 的条件下振荡培养,每隔 2 h 取出 1 个,依此标记为 2 h、4 h、6 h……直至 36 h 后全部取出,4℃冷藏备用。

二、实验改进

1. 稀释菌液

查阅文献可知,酵母的最佳吸收波段是 600 nm 左右,对应红光波段。朗伯—比尔定律适用于低浓度溶液,需将高浓度菌液稀释至 OD 值为 0.2~0.8 的可信区间。

2. 计算 OD 值

OD 值与细胞浓度在不同稀释倍数间呈线性关系,建立稀释前后的分段回归方程并置于 TI 图形计算器程序中,可将稀释后的透光率直接转换成回归后的 OD 值,然后进行比较。具体做法是:将较浓的菌悬液经适当稀释后测 OD 值,还需测定此稀释倍数区间内的任意两组 OD 值在上一稀释倍数区间被稀释到此稀释倍数时的 OD 值,设稀释前后 OD 值的关系符合回归方程 $y = ax + b$,然后得到 OD 值的分段回归方程,计算得到 OD 值的实际回归值。

3. 修正曲线

色度计测定的是溶液中所有的细胞,用亚甲基蓝染色死细胞,制作临时装片,数码显微镜拍照传输到智能计数 App,自动生成酵母的存活率,可对"S"型曲线进行修正。

三、教学流程

下列为教学流程步骤图(图 5 - 12)。

图 5 - 12　教学流程步骤图

四、教学目标

1. 利用数字化技术建构种群数量变化的数学模型,提升运用数字化技术归纳生态学规律的能力,培养严谨求真的科学思维习惯。

2. 运用比较与分类的思维方法对比"J"型与"S"型曲线的异同,分析造成差异的原因,并运用稳态与平衡观解释种群在生态系统中的自我调节现象。

3. 通过运用"S"型曲线解释生产实际中的现象,体会数学模型对于实践的指导意义和应用价值。

五、教学过程

1. 创设情境,引入项目

食品加工行业对于酵母的需求量非常大,在进行工业培养时,只需要短短的 4 天时间,就可从最初的 0.1 g 增殖到 30 多吨,其中一个重要的条件是供给数十万吨的糖浆,来保证酵母数量的指数增长,即"J"型生长。如果把酵母放在定量的培养液中,后续不再增加营养物质,种群会出现怎样的变化呢? 学生对比作出不同的推测:酵母的数量越来越少;先增加再减少;稳定不变……教师展示不同浑浊程度的酵母培养液,提问:用什么方法可以快速知道三角烧瓶中的酵母种群数量呢? 学生回答:分光光度法。

设计意图:学生通过观察不同生长阶段的酵母培养液的浑浊程度联想到使用分光光度法,对溶液中的酵母数量进行定量分析。

2. 小组讨论,设计实验

教师讲解:色度计的工作原理与分光光度计类似,可以采集酵母悬液的透光率。TI 图形计算器相当于微型掌上电脑,内置的程序可处理、分析数据并拟合成曲线(图 5-13)。文献显示,吸光度在 0.2~0.8 之间测量结果较为准确,如果超出这个范围,如何处理? 学生回答:适度稀释后再测量。

设计意图:在教师的引导下,实验方法和基本的注意事项确定下来,学生们可以针对之前的假设进行实验方案设计,亲历探究的全部过程。

3. 开展实验,初次建模

教师拿出各个生长阶段的酵母悬液(包括预先已经稀释好倍数的酵母悬液),指导学生正确使用色度计和 TI 图形计算器(图 5-13)测量、收集数据,最后拟合出"S"型曲线(图 5-14)。

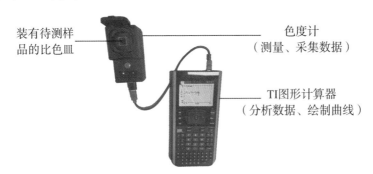

装有待测样品的比色皿 —— 色度计(测量、采集数据)

TI图形计算器(分析数据、绘制曲线)

图 5-13 主要设备示意图

设计意图:学生运用数字化技术对酵母种群数量进行测量,快速完成数学建模,对不同生长阶段的酵母种群生长获得规律认识和整体把握。

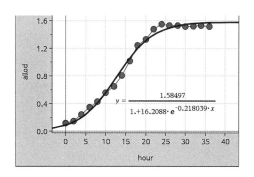

图 5 - 14　初次建模的"S"型曲线

4. 比较曲线,解释问题

教师提问:资源有限的情况下,酵母种群呈现的是"S"型曲线,它与"J"型曲线有什么不同? 为什么会出现这样的不同? 学生思考后回答:因为有限的资源限制了酵母种群的快速生长。教师继续提问:食物总有消耗完的时候,代谢废弃物也越来越多,生活环境越来越差,这些会导致"S"型曲线的最终走势发生什么变化? 学生解释道:由于食物、空间、代谢物等限制因素导致种群后来不再生长,有些酵母会逐步衰老、死亡,曲线应该有下降的趋势。

设计意图:通过比较"J"型与"S"型生长曲线的不同,启发学生对影响酵母种群数量的环境因素进行思考,并能对"S"型曲线的走势进行预测。

5. 分析曲线,发现问题

教师提问:同学们建构的"S"型曲线的尾部并未出现下降的趋势,这是为什么呢? 种群数量包括死亡的细胞吗? 如何对实验进一步改进? 学生思考后回答:可能是因为培养的时间不够,可以继续培养,测定数量;和分光光度计类似,色度计测定的是培养液中所有细胞,种群计数时需要去除死细胞,这根曲线没有呈现出活的酵母细胞的数量变化,需要修改。

设计意图:通过这一环节,学生明白,科学探究的过程不是一蹴而就的,模型的构建也不是一成不变的,有时需要将理论与实际结合,全面考虑多种因素,对模型进行调整和修正。

6. 搭建支架,再次建模

教师简介亚甲基蓝有一定的氧化性,而具有还原能力的酵母活细胞经它染色后呈无色,死细胞或代谢作用微弱的衰老细胞则会被染成蓝色或淡蓝色,利用它可以很好地区分死细胞和活细胞。指导学生制作酵母染色的临时装片；每个生长阶段随机选取 5 个视野，用数码显微镜观察、拍照，并用智能计数 App 扫描，生成平均存活率(图 5 - 15)；输入 TI 图形计算器，拟合与培养时长相关的回归方程(图 5 - 16)；对"S"型曲线进行修正，完成二次建模(图 5 - 17)。

设计意图：依据种群概念，只有活酵母才能被记作其中的一员。由于朗伯—比尔定律不能对溶液中的死细胞和活细胞进行区分，教师借助数码显微镜、智能计数 App 等数字化技术对实验进一步改进，不仅缩短了时长，还使数学模型更加符合实际，完成了对模型的修正。学生能从中体会实验的方便与快捷，对于生态学规律的认识更加深刻。

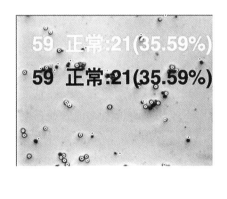

图 5 - 15　智能计数 App 与扫描结果

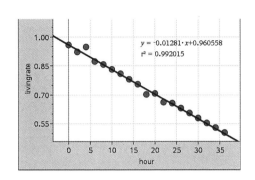

图 5 - 16　酵母存活率与培养时长的回归方程

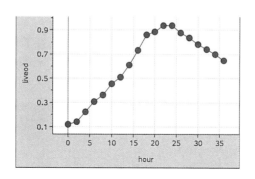

图 5 - 17　用存活率修正后的"S"型曲线

7. 运用规律,解释现象

教师讲解:特定环境下维持的种群最大数量称为环境容纳量,用 K 表示。在到达 K 之前,曲线的斜率有什么变化特点? 具有什么生物学意义? 继续提问:"S"型曲线有什么实际价值和应用呢? 学生结合数学知识,解释下列现象:①在鱼类的捕捞、放养过程中,人们常常在 $K/2$ 值以上进行捕捞,可以保证较高的种群增长速率,维持较大的种群数量;②在防治害虫时,必须要将害虫的数量控制在 $K/2$ 值以下,使其种群数量处于较小、可控的范围。

设计意图:通过酵母种群在有限的生长环境下的数量变化规律构建出数学模型,但科学探究不仅限于此,而是将其应用于实践,更好地为实际生产服务,以培养学生学以致用的能力。

8. 拓展引申,持续探究

教师启发拓展:整个生态系统中的各种成分是相互关联、相互影响的,自然界中的酵母分布非常广泛,它们的种群数量会受到什么因素的影响? 你能设计一个方案,让三角瓶中的酵母种群数量维持在相对稳定的水平吗?

设计意图:课后学生分小组自选主题,运用数字化手持技术展开新一轮的探究活动。

六、教学反思

1. 提升实验效率

从材料的准备到数学建模的完成,实验周期大大缩短,高效地利用了课堂的有限时间,学生能对数学建模本身及其应用进行深入的思考。

2. 体验科学探究

运用数字化技术展开有设计、有目的、有层次的实验教学，可以辅助学生"像科学家一样思考问题"，真正培养科学探究的能力。

3. 培养科学思维

数字化技术将生物的变化规律用数学方法即时表达，两者间的重要桥梁就是基于证据的数学建模，而建模过程即是思维构建的过程。因此，数字化技术的应用对学生科学思维的培养也能起到很好的促进作用。

第四节 "探究不同供氧环境下酵母的呼吸方式"的教学设计

新课标指出，"实验教学是生物学课程的特点，也是生物学教学的基本形式之一"，"实验教学是促成学生达成生物学学科核心素养的重要支撑"，建议教师组织学生开展"以问题解决为特点的探究活动"，实施实验教学。在传统教育模式中，学生往往在教师的引导下解决问题，这一模式常常会限制学生的自主学习能力和创造性意识。由美国学者帕恩斯首先提出的创造性问题解决（creative problem solving，CPS）作为一种开放性问题的解决模式，融合发散思维与聚敛思维，可以从很大程度上激发学生的主观能动性。这与项目化学习所倡导的解决真实情境中的问题高度一致。研究结果显示，CPS 模型对指导教师转变教学方式，提升学生创造力有借鉴意义。项目化学习是素养落地的重要载体之一，是一种以支持学生探索真实问题、产生可见的项目成果为特征的学与教的方式。美国北达科他大学的亨教授认为，指向创造性问题解决的项目化学习不仅充满了各种能够彰显学生创造性的契机，而且还加快了这一精耕细作的过程。

一、CPS 模型与项目化学习的关系

CPS 模型是一种系统研讨问题的模式，其关注问题解决者在选择、执行问题解决方案前对发散思维和聚敛思维的交替运用。布罗菲认为，CPS 就是"为达到解决问题的目的寻求不寻常的创造性解答的过程"。多维尔在特芬格和伊萨克森 CPS 模型（三成分六阶段模型）基础上提出"四成分八阶段"

CPS 模型(表 5‑4)。研究表明,CPS 和项目化学习之间具有内在的一致性。从 CPS 的角度出发,在实施项目化学习的过程中,学生面对复杂、新颖、不确定的问题进行持续探究时,个体依赖于现有的知识无法产生新构思,必然会创造性地重构知识解决问题,形成富有创意的成果。因此,项目化学习是培育创造性问题解决的重要载体之一。在当下中国的教育情境中,项目化学习的重要使命之一就是要补足中国教育的创造性问题解决能力的"短板",通过设置课程领域中多样的项目形态,让学生拥有真实的问题解决经历,成为积极的行动者,调动自己已有的知识经验、能力基础,创造性地解决真实情境中的问题。在教学过程中,教师可以通过 CPS 模型促使学生生发驱动性问题,学生依据实际情况进行发散性思维探索,寻找多种多样的解决方法,再通过聚敛思维从多种解决方法中寻找出最合适的解决方案,最后进入执行或者进入下一环节的准备。

表 5‑4　多维尔"四成分八阶段"CPS 模型

四成分	八阶段	要素
理解挑战	寻找时机	在问题情境中,凭借自己的各种经验、角色,找出其中蕴含的矛盾。通过判断,找出矛盾的焦点及方向。
	查询资料	通过广泛寻找资料,从不同角度审视矛盾,并决定焦点所在,在聚敛阶段对大部分重要资料做出定义及分析。
	生成问题	在发散阶段,对可能存在的问题做出各种可能的陈述;在聚敛阶段则是根据某一方向提出一个答案不唯一的有研究价值的与课程内容相关的问题。教师尽量不要限定问题,避免造成学生思维上的狭隘。
产生构想	思维发散	小组合作,借助"头脑风暴法"(发散思维),发挥集体的创造力,创生出新颖的问题解决方案。
准备方案	寻求方法	根据客观现实和需要制订出一套评价标准,不根据自己主观的想法否定各个方案的意义,而使用已定标准进行评估,选择一个最佳方案。
	寻求接受	实施最佳方案,若顺利进行就选择该方案;若遇到阻碍,重新进行方案的筛选,直到选出理想的方案。

（续表）

四成分	八阶段	要素
落实方案	评价过程	对所确定的方法进行实践,对实践的过程和结果进行评价,积累资料与素材。
	设计过程	为了使 CPS 模型发挥最大成效,要以问题的相关背景和实际需求为依托,考虑哪些阶段以及哪些策略组合后会产生最好的结果,设计出最佳的问题解决流程。

二、CPS 模型与项目化学习相结合的实践应用

根据高中生物学实验教学特点,结合多维尔的"四成分八阶段"CPS 模型和项目化学习的教学模式,以"探究不同供氧环境下酵母的呼吸方式"为例实施教学。

1. 教材分析

"探究不同供氧环境下酵母的呼吸方式"是沪科版高中《生物学(必修 1):分子与细胞》第 4 章第 3 节的探究性实验。新课标要求学生能通过实验结果,"说明生物通过细胞呼吸将储存在有机分子中的能量转化为生命活动可以利用的能量",达成对概念 2"细胞的生存需要能量和营养物质,并通过分裂完成增殖"的理解,促进生物学学科核心素养的提升。教材采用添加少量石蜡油形成油膜和通入经 NaOH 过滤的空气分别营造无氧和有氧的反应条件,再用 CO_2 传感器和酒精传感器测定单位时间内产生的 CO_2 和酒精量,判断不同供氧条件下,细胞呼吸分解有机分子的效率。本文基于 CPS 模型,激发学生确立研究的焦点和方向,优化不同供氧条件,定量检测产物,在制订和实施方案的过程中,将细胞呼吸的理论知识与实践操作相结合,最终形成公开、可视化的项目产品,加深对细胞呼吸原理的理解,培养发散思维和聚敛思维。

2. 案例实施

（1）理解挑战　确立项目

酵母是一类在日常生活中有广泛应用的单细胞真菌。和面时加入适量酵母不断揉搓,烘焙出的面包松软可口;酿酒时加入含有酵母的酒曲,酿制出的酒醇香可口,这些都是对酵母细胞的呼吸原理的运用(寻找时机)。教师提示,酵母是一种兼性厌氧微生物,在有氧和无氧环境下都能生存(查询资料)。学生形

成初步认知——条件不同可能会导致产物不同,产生疑问:产物有何不同? 只有 CO_2 和酒精这两种产物吗? CO_2 和酒精同时生成吗? 什么条件下释放的能量最多? 为什么? ……这些疑问均指向了实验的本质:细胞呼吸消耗有机物并转化其中的能量。但是学生对上述问题的解决缺少关键的抓手,需要将其整合为驱动性问题。教师启发学生思考所有困惑的核心是什么,如何解决,学生经过讨论确立了研究的焦点和方向:在不同供氧条件下,定量检测产物(生成问题)。

(2)产生构想 准备方案

有学生提出,在同一个反应体系里,先是处于有氧条件,待 O_2 耗尽,便处于无氧条件,只需对此过程持续监测即可。有学生反驳,O_2 不易溶于水,反应溶液中少量的溶解氧使得大部分酵母处于无氧状态,所以开始就是混合式呼吸,很难判定此时的产物属于具体哪种情况。因此,学生决定分组,对实验条件进行严格设定(思维发散)。

经过小组成员的"头脑风暴",学生提出了许多新颖的设计方案(表5-5),如可以通过消耗环境中的 O_2 或通过其他气体的替换使其实现无氧,用煮沸的开水冷却后配置溶液可以排出溶解氧。而通入经 NaOH 过滤的空气或通入纯净的 O_2 可以实现有氧条件。也有一些学生的方案遭到了否决,原因主要是影响了实验数据的检测。

表 5-5 无氧条件和有氧条件下的实验设计方案

组别	(思维发散、寻求方法)	(寻求接受)
无氧条件	通入 CO_2	×(因为可能会影响产物 CO_2 的测定)
	点燃蜡烛直至熄灭	×(因为燃烧产生烟雾,影响 CO_2 的测定)
	倒入石蜡油覆盖表面(简称石蜡油组)	√
	通入 H_2(简称氢气组)	√
	放入食品脱氧剂(简称脱氧剂组)	√
有氧条件	通入经 NaOH 过滤的空气(简称过滤组)	√
	通入纯净的 O_2(简称纯净组)	√

（3）落实方案　修正项目

为排除无关变量的干扰,两组商定均选用三口烧瓶,其中两个口分别插入二氧化碳传感器、酒精传感器,另一个口视情况进行变动。

无氧条件和有氧条件下的实验方案细分为 5 个小组(表 5-6),每个小组在实施时,同组成员进行评价,修正方案设计过程,再次实施,反复多次,最终完成最佳实验设计。

表 5-6　每个小组的方案落实情况

组别		（评价过程）	（设计过程）
无氧条件	石蜡油组	酵母液表面的油层确实营造了无氧环境,但酒精易溶于水,由于油层的阻隔,酒精传感器无法测得数据。	解决办法:水浴加热,促使酒精挥发。
	氢气组	H_2 不断通入引起的气泡可以使酵母液中的 CO_2 和酒精扩散到空气中被传感器检测,但 H_2 比空气的密度小,不易把容器内的空气排干净,造成部分酵母进行有氧呼吸。	解决办法:利用排水集气法使容器内先充满 H_2。
	脱氧剂组	食品脱氧剂主要由还原铁粉组成,与容器内的 O_2 发生反应,O_2 被消耗,但带来两个问题:①反应产生大量的热,会对传感器的敏感性造成影响;②酒精易溶于水,酒精传感器无法测得数据。	解决办法:①通过预实验用氧气传感器测定脱氧剂的耗氧时间,在实验时反应相同的时间取出脱氧剂并冷却一段时间后再进行实验;②水浴加热,促使酒精挥发。
有氧条件	过滤组	空气经 NaOH 过滤后已没有 CO_2,酵母进行有氧呼吸,但仅占空气体积 21％ 的 O_2 难以让所有的酵母发生有氧呼吸。	解决办法:缩短数据采集的时间。
	纯净组	O_2 不断通入,使酵母液中的 CO_2 和酒精扩散到空气中被传感器检测,但 O_2 比空气的密度略大,不易把容器内的空气排干净,造成二氧化碳传感器测量不准。	解决办法:利用排水集气法使容器内先充满 O_2。

（4）展示成果　复盘项目

最后,每个小组展示实验装置,并对装置的设计意图进行阐述。在遵循单一变量的原则下,学生进一步评估,一致认为氢气组和纯净组的实验装置相同

(图 5-18),仅是通入的气体不同,设计最为严谨科学。其中,无氧呼吸产物是 CO_2 和酒精(图 5-19),有氧呼吸产物有 CO_2,没有酒精(图 5-20),根据质量守恒定律,产物还有水。再将这两组的实验数据进行比较,无氧条件下 CO_2 的变化量为 676 ppm,有氧条件下的 CO_2 的变化量为 2128 ppm,约为无氧条件下的 3 倍,表明分解更为彻底,产能更多。

图 5-18　无氧条件(氢气组)和有氧条件(纯净组)的实验装置图

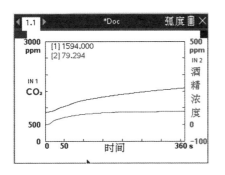

图 5-19　无氧呼吸的实验数据图

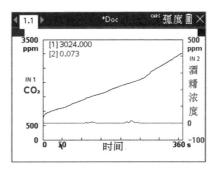

图 5-20　有氧呼吸的实验数据图

三、CPS 模型与项目化学习相结合的反思小结

　　CPS 模型强调创意和创新的重要性,鼓励学生运用发散思维从不同角度思考问题,提出新颖的解决方案,如在上述实验过程中,学生为了探究不同供氧条件下产物的差异,设想了很多实验方案,并对方案进行评估和选择,发挥聚敛思维,在众多的解决方案中选择一个最佳的。可见,CPS 模型提供了一套系统的问题解决流程,这种流程能够帮助学生有条理地处理复杂问题,减少遗漏和错误。而项目化学习强调问题的驱动性和情境化,要求提出一个富有开放性的问

题,且随着问题的复杂性不断增加,所需要的创造性能力和水平也不断增强,这有利于打开创造性探索解决问题的空间,调动个体的创造性思维。可见,当CPS模型与项目化学习相结合时,学生可以在真实项目的背景下,交替使用发散思维和聚敛思维,激发创意,优化方案,进而切实提高问题解决能力。

第五节 "植物物种多样性的调查"的教学设计

新课标在选择性必修课程模块2"生物与环境"的次位概念要求学生能"列举种群具有种群密度……等特征"。学业要求建议学生能"举例说明不同类型群落的结构、特征及演替规律"。为帮助学生达成上述要求,强化对生命系统与环境关系的认识,人教版、浙科版、北师大版的高中《生物学(选择性必修2):生物与环境》教材均安排了用样方法调查某种植物的种群密度的实验或活动,沪科版教材也对样方法的运用进行了详细说明。但在实际教学实践中,常存在以下问题:(1)需要花费精力熟悉植物的鉴别特征;(2)校园草坪多为人工种植,种类单一,不能体现自然状态下物种的多样性;(3)上海市区学校绿化面积有限,难以实现随机取样;(4)受季节影响,枯枝败叶易对计数形成干扰;(5)不易进行不同生态系统中植物物种多样性的比较观测;(6)不能直观看出外来物种入侵对某物种种群密度的影响;等等。这些问题影响了实验教学效果,对学生后续学习种群的影响因素、群落和生态系统等造成了阻碍。如何解决这一问题成为教师亟待解决的教学难点。

项目化学习是一种教学与学习的方式,它强调学生的主动性,在真实情况中开展持续性的探究,尝试创造性地解决问题,形成项目成果。它鼓励学生积极主动地思考,促进学生创新素养、创造性思维、批判性思维、团队沟通与合作等重要的终身学习能力的发展。

新课标在教学建议中指出,教师"可以采用生物材料设计和开展实验,也可以利用电子设备设计、完成模拟性实验;有条件的学校还可以充分利用多媒体、互联网及无线通信技术进行虚拟实验"。虚拟仿真借助图形、图像、仿真和虚拟现实等技术,在计算机上创建一个可视化虚拟实验环境,以人机交互的方式,以项目为驱动,使学生通过运用各种虚拟机械设备对实验对象进行虚拟操作,为原有实验教学提供重要补充和拓展。基于虚拟仿真技术开发的"植物物种多样性的调查"系统很好地解决了上述问题,丰富了教学内容,拓展了学生的思维广度与深度。

一、"植物物种多样性的调查"虚拟仿真实验的框架

针对"植物物种多样性的调查"在教学中存在的上述问题,运用 C 语言和数据库等技术,制作了虚拟仿真模拟系统,包含"森林生态系统中的物种多样性的调查"和"荒漠生态系统中的物种多样性的调查"两个模块,每个模块下设有"生物群落多样性调查记录表"和"数据汇总表"两个页面。其中,前者又包含三项内容,分别是某草本植物"入侵前""入侵后"和"入侵前、后比较",框架图如图 5-21 所示。每个模块内还加载了柱状图进行数据的比较。学生可通过 PC 或 TI 图形计算器进入系统,在驱动性问题的指引下,进入不同的模块开展学习,系统 PC 端的主界面如图 5-22 所示。

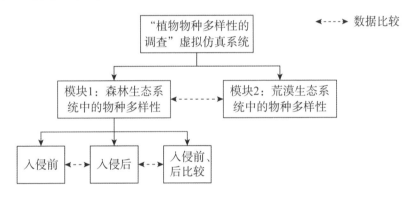

图 5-21　"植物物种多样性的调查"虚拟仿真实验框架图

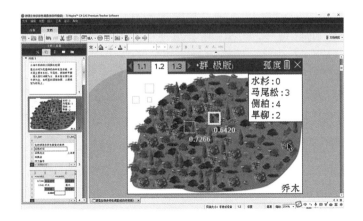

图 5-22　PC 端操作主界面图

二、"植物物种多样性的调查"虚拟仿真实验在项目化学习中的应用

1. 驱动性问题的设置

教师展示国土资源背景资料:我国是世界上荒漠化面积最大、受影响人口最多、风沙危害最重的国家之一。2022 年 12 月,国家林业和草原局等七部门联合印发了《全国防沙治沙规划(2021—2030 年)》,提出目标任务:到 2025 年,完成沙化土地治理任务 1.02 亿亩,沙化土地封禁保护面积 3000 万亩;到 2030 年,完成沙化土地治理任务 1.86 亿亩,沙化土地封禁保护面积 9000 万亩,全国 67% 的可治理沙化土地得到治理,防沙治沙取得决定性进展。

教师提出驱动性问题:我国为何要花大力气治理沙化土地?

设计意图:用数据引导学生深入理解我国土地沙化问题的严重性及其治理的重要性,为后续激发学生开展项目化学习作好铺垫。学生通过资料阅读、数据分析、方案设计等活动,锻炼自身的实践能力,提升解决问题的能力。

2. 森林生态系统中植物物种多样性的调查

打开主界面,是对于上海市某森林公园生态系统的整体描述:"以水杉为优势种的森林生态系统,乔木层主要有水杉、马尾松、侧柏和旱柳,灌木层以海桐为主,草本层主要以高羊茅为主,有明显的凋落物层,土壤类型为棕色土。"在这个模块中,设置了 $10 \times 10 \text{ m}^2$、$4 \times 4 \text{ m}^2$、$1 \times 1 \text{ m}^2$、$0.1 \times 0.1 \text{ m}^2$ 四种大小不同的样方,分别对乔木、灌木、草本和苔藓进行取样调查,学生可以拖拽不同的样方框进行五点取样或等距取样,屏幕一角会出现样方中对应植物的数量,样方旁边会出现反映物种多样性的辛普森多样性指数(图 5 - 23)。其中,每个样方的调查记录表(包含物种总数、个体总数、每个物种的个体数的调查记录表)和记录有种群密度、辛普森多样性指数的平均值的数据汇总表会出现在两个页面中(图 5 - 24、图 5 - 25)。

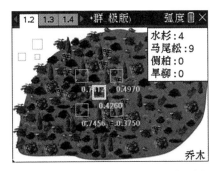

图 5 - 23　样方法调查森林物种多样性

	A r_list1	B r_list2	C	D	E	
4	采集者					
5	样方编号	1				
6	样方面积	10×10m²				
7	物种总数	4				
8	个体总数	35				
9	生态环境描述	是以水杉为..				
10	物种	个体数				
11	水杉	6				
12	马尾松	10				

图 5 - 24　调查记录表

	A	B	C	D	E	F
	=round(d_		=round(d_		=round(d_	
1	0.7412	调查植物	0.7772	调查植物	0.8529	调查植物
2	0.497	乔木		灌木	0.	草本
3	0.7456	平均值	0.7664	平均值	0.8566	平均值
4	0.375	**0.557**		**0.3859**	0.	**0.3666**
5	0.426				0.	
6					0.	
7					0.8565	

图 5 - 25　数据汇总表

设计意图：通过上述模块的操练，学生熟悉基本的操作步骤，对区域内植物展开随机取样调查，数据获取、计算和统计自动生成，学生可以基于数据比较不同物种的种群密度，阐释种群的相关特征。

3. 外来物种入侵森林系统后的植物物种多样性的调查

当某外来草本植物入侵后，植物物种多样性会发生什么变化？学生可以进入"入侵后"模块，采用相同的方式进行调查。调查记录表和数据汇总表也会同时生成。

设计意图：由于植物的生长周期一般长达数月甚至数年，传统的板书、挂图、文档等手段在表示外来物种入侵对于本地植物物种多样性的影响方面缺乏真实性、连贯性、交互性。虚拟仿真技术的模拟使学生只需进入不同的界面环境即可跨越时间界限，形象直观地了解物种入侵带来的影响。

4. 入侵前后植物物种多样性的比较

在完成外来物种入侵后的植物物种多样性的调查后，系统会生成入侵前后的柱状对比图，可以看出入侵后的辛普森多样性指数比入侵前都出现了下降

（图5-26）。教师提问：外来物种应该丰富本地的物种多样性啊？为什么出现了下降？这种改变是什么原因导致的？学生会思考入侵物种与其他植物间的关系，分析可能的原因。

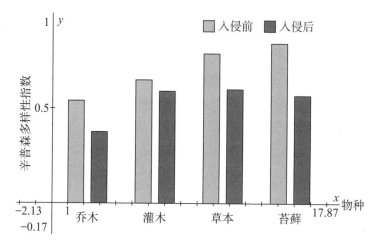

图5-26 某外来草本植物入侵前后的植物物种多样性对比

设计意图：由数据生成的结果激发学生的探究思维，运用种群特征和种间关系等知识对问题进行解答，为后续学习群落及生态系统打下基础。

学生接着点击进入物种"均匀度"和"丰富度"的数据界面（图5-27）。教师提问：为何物种没有以前丰富？均匀度发生了什么变化？它们是如何影响物种的多样性的？学生分小组对数据展开讨论，深刻理解物种多样性与均匀度、丰富度的关系。

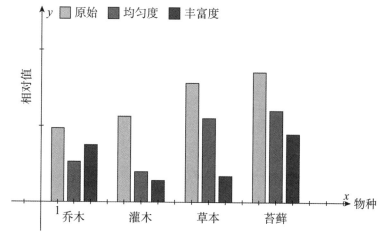

图5-27 某外来草本植物入侵前后的植物物种均匀度和丰富度对比

5.荒漠生态系统中植物物种多样性的调查

第2个模块由问题引出:"治沙造林一直以来都是我国政府坚持的政策,为什么要这样做? 这样做对于物种多样性会产生什么影响?"学生也会好奇荒漠里的植物种群具有什么特征,接着进入"新疆某戈壁滩上的荒漠生态系统"进行样方调查(图5-28)。具体的操作同森林生态系统。

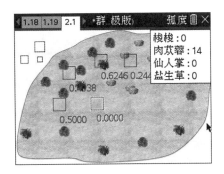

图5-28 样方法调查荒漠物种多样性

设计意图:学生知道荒漠地区贫瘠,但如何通过数据得出数量上的差异,获取定量认知? 这个模块的操作会让学生深有体会,同时能帮助其理解"绿水青山就是金山银山"的含义,对国家的荒漠化防治政策有所了解,形成生态意识,培养社会责任。

三、反思与展望

综上,为解决传统样方法实验教学中存在的问题,我们构建了"植物物种多样性的调查"虚拟仿真实验教学系统。经过数年的实践,不仅有效拓展了实验教学时空,丰富了实验教学内容,还提高了学生学习的积极性和实验参与度,提升了实验教学效果,为学生开展自主学习提供了条件。对于虚拟仿真在教学中的应用,有如下几点体会:

1.选择适宜的内容进行开发

生物学是一门依赖于观察、实验、调查等探究方法逐步构建的学科,研究动物、植物和微生物的生命物质的结构和功能,它们各自发生和发展的规律,生物之间和生物与环境之间的相互关系。真实的实验操作对于认识生命、发现生命规律是十分必要的。虚拟仿真并非将所有的实验内容都进行转化,要本着"宁实不虚、互为补充、提升实效"的原则,借助虚拟仿真技术,使学生从核心素养培育的角度真正获益。

2. 应以新课标的对应要求为设计依据

课标是规范国家课程实施与发展的纲领性文件,是编写教材、实施教学、评估学生学业质量和教师教学质量的依据。分析解读新课标中的相关内容,把握教学内容之间的关系,对于开发虚拟仿真教学资源具有指导意义。在设计虚拟仿真内容时,可以关注大概念、大单元、跨学科等内容,与新课标的要求保持高度一致。

3. 注意虚拟仿真互动效果的呈现

虚拟仿真技术以其独特的优势为学生提供身临其境的学习体验,让学生在体验中质疑、探索、转化、创造,提升对真实世界的认知体验、具体经验和主动实践的能力。如果忽视了互动,一味追求逼真形象,虚拟仿真就无异于动画视频。所以在分析教学内容的具体特征后,教师应注重虚拟仿真营造的互动效果,让技术更好地为教学服务。

随着信息技术的不断发展,虚拟仿真实验将在教学中发挥更为突出的作用。广大生物学教师有必要与时俱进,研究虚拟仿真实验在教学中的应用,适时采取"虚实结合"的教学模式,同时,还可以通过真实情境模拟、跨学科知识整合、学生主导学习、合作学习以及完善的评价与反馈机制等发挥项目化学习的优势。这不仅有助于提高学生的学习效果和实践能力,还能培养他们的创新精神和终身学习能力,为提高生物学有效性教学开辟新的路径,实现培养学生生物学学科核心素养的目标。

第六节 "细胞质膜透性的模拟实验"的教学设计

"细胞质膜透性的模拟实验"是沪科版高中《生物学(必修1):分子与细胞》第4章第1节"细胞通过质膜与外界进行物质交换"中的演示实验。新课标要求学生能"阐明质膜具有选择透过性",并建议在教学中,教师通过开展"模拟实验探究膜的透性""帮助学生增加感性认识,克服对微观结构认识的困难"。为了达成上述目标,教材用透析袋模拟细胞质膜,在袋中装入5%的可溶性淀粉溶液,封口后放置在盛有碘溶液的烧杯中,静置一段时间即可观察到袋中的溶液变蓝,学生便能直观认识到透析膜对物质的选择透过性。但这一操作对碘进入透析袋中缺少直观的数据反映。有没有更为直观且显性的方式观察到这个过程呢? 项目化学习强调以学生为中心,将学习内容与实际项目紧密结合,鼓励学生通过实际操作和团队合作来解决问题,不仅有助于提升学生的实践能力和创新思维,还可以促进跨学科知识的整合与应用。本文引导学生基于项目化学习,采用电导率传感器对实验内容进行数字化改进,使实验现象更加明显且直观,帮助学生更为深入地理解细胞质膜的功能特点,学习运用数字化技术和手段对知识展开探索和认识,激发建构数学模型的科学思维模式。同时,这一改进对于一线教师在实验教学中应用数字化技术具有一定的借鉴意义。

一、材料与方法

1. 实验用品与主要器材

TI图形计算器、电导率传感器、数据采集器、自制方形槽、长尾夹、硅胶垫、透析膜、铁架台、3% NaCl溶液、0.3 mol/L NH_4Cl溶液、0.3 mol/L KCl溶液、1%牛血清白蛋白溶液、蒸馏水。

2. 实验装置搭建

(1) 反应装置的搭建

将自制的有机玻璃方形槽、硅胶垫、透析膜按照图5-29所示顺序摆放好,合并成反应装置(图5-30),用7个长尾夹将两个方形槽的两边及底部拼接处夹紧,防止液体漏出。搭建好的反应装置包括2个盛放溶液的方形槽,中间用透析膜隔开。

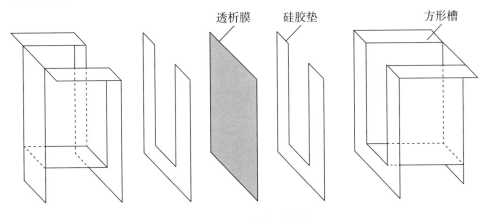

图 5-29　自制教具组件

图 5 - 30 组装好的反应装置

（2）测试装置连接

将电导率传感器固定在铁架台上，探头插入一侧方形槽内，并与数据采集器和 TI 图形计算器相连（图 5 - 31）。

图 5 - 31 主要实验装置的连接

（3）电导率测试方法

测试装置的两个方形槽中分别放入等体积的试液和蒸馏水。用蒸馏水对电导率进行调零。电导率传感器浸没在蒸馏水中，连接在 TI 图形计算器上，开启程序，实验持续 12 min，记录数据。结束后倾去试液和蒸馏水。再用蒸馏水冲洗干净透析膜和方形槽后，交换左、右槽盛放的溶液，重复上述实验。两次数据平均值为实验结果。

3. 不同溶液透过性测量与观察

本实验演示透析膜对不同大小分子的选择透过性。因此，本实验用蒸馏水对电导率进行调零,以 3% NaCl 溶液作为小分子物质,1%牛血清白蛋白溶液作为大分子物质,分别进行观察和测试电导率变化。

(1) NaCl 通过透析膜的测量

左侧方形槽中注入 150 mL 3% NaCl 溶液,右侧方形槽中注入等体积蒸馏水。将用蒸馏水调零后的电导率传感器浸没在蒸馏水中,开始记录电导率变化。同时,观察记录左、右方形槽液面的变化。实验持续 12 min。交换左、右方形槽的溶液,用同样的方法重复实验。

(2) 牛血清白蛋白通过透析膜的测量

左侧方形槽中注入 150 mL 1%牛血清白蛋白溶液,右侧方形槽中注入等体积蒸馏水。将用蒸馏水调零后的电导率传感器浸没在蒸馏水中并开始记录电导率变化。同时,观察记录左、右方形槽液面的变化。实验持续 12 min。交换左、右方形槽的溶液,用同样的方法重复实验。

二、结果与分析

1. 实验结果

(1) NaCl 通过透析膜的测量

实验开始时,NaCl 溶液一侧的渗透压高于蒸馏水一侧,蒸馏水中的水分子会以较快的速度通过半透膜向 NaCl 溶液一侧扩散,与此同时,部分 Na^+ 和 Cl^- 也通过半透膜扩散至蒸馏水一侧,导致离子浓度增加,电导率也随之增大,在 12 min 后,达到了约 260 $\mu S/cm$ 的变化量(图 5-32)。左、右两个方形槽的液面持平。

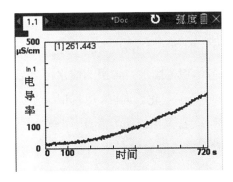

图 5-32　3% NaCl 溶液组的电导率变化

（2）牛血清白蛋白通过透析膜的测量

牛血清白蛋白溶液一侧的渗透压高于蒸馏水一侧,蒸馏水中的水分子会以较快的速度通过半透膜向牛血清白蛋白溶液一侧扩散,而蛋白质是生物大分子,并不能通过半透膜扩散到蒸馏水一侧,实验初始时测得1%牛血清白蛋白溶液的电导率约为7 μS/cm,12 min后,蒸馏水一侧的电导率几乎没有发生变化,维持在0 μS/cm左右(图5-33),且液面低于蛋白质溶液一侧约2 mm。

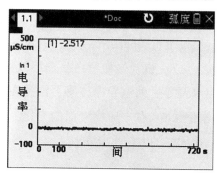

图5-33 1%牛血清白蛋白溶液组的电导率变化

2. 分析与讨论

上述两组实验数据不同的变化,表明透析膜不允许蛋白质大分子直接透过,因此蒸馏水一侧的电导率未发生明显变化,而 Na^+ 和 Cl^- 作为小分子可以透过,导致蒸馏水一侧的离子数量增多,电导率发生了明显变化,说明透析膜具有选择透过性。

三、拓展探究

可以利用电导率传感器测定透析膜对于相同摩尔浓度的离子溶液的选择透过性。左侧方形槽中分别注入100 mL 0.3 mol/L 的 NH_4Cl 溶液和 KCl 溶液,右侧方形槽中注入等体积蒸馏水。将用蒸馏水调零后的电导率传感器浸没在蒸馏水中,开始记录电导率变化。同时,观察记录左、右方形槽液面的变化。实验持续25 min。交换左、右方形槽的溶液,用同样的方法重复实验。

25 min后,左、右方形槽的液面未发生明显变化。比较两种溶液的电导率变化曲线,蒸馏水一侧的电导率均发生改变,说明 NH_4^+、K^+、Cl^- 通过透析膜进入另一侧。其中,KCl 溶液组的蒸馏水电导率变化为1380 μS/cm左右(图

5-34），而 NH_4Cl 溶液组的蒸馏水电导率变化为 2210 $\mu S/cm$ 左右（图 5-35），可见，透析膜对 NH_4Cl 的选择透过性更高。这与透析膜的孔径有关，NH_4Cl 的相对分子质量为 53.49，而 KCl 的相对分子质量为 74.56，在相同的条件下，分子量越小，越容易通过透析膜。上述结果表明：透析膜对不同的物质具有选择透过性。

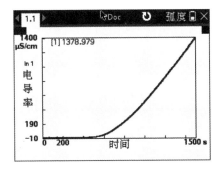

图 5-34　0.3 mol/L KCl 溶液组的电导率变化

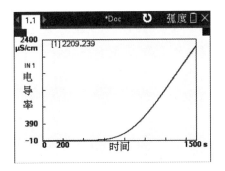

图 5-35　0.3 mol/L NH_4Cl 溶液组的电导率变化

四、小结与展望

本实验以教材内容为基础，使用方形槽、传感器技术对原有实验进行了改进，建构了数学模型，直观地展示了透析膜的选择透过性特点，对于理解"细胞通过质膜与外界进行物质交换"的课堂教学起到了辅助作用。教材实验通过观察烧杯中的碘进入透析袋而使淀粉溶液变蓝，但淀粉不能通过透析袋进入烧杯，所以溶液不变色这一现象，使学生定性认识细胞质膜的选择透过性。而本实验将材料换成 NaCl、NH_4Cl、KCl 和蛋白质，利用其通过透析膜时产生的不同的电导率变化,运用数字化工具进行采集整理,并形成随时间变化的曲线图,使学生定量认识细胞质膜的选择透过性。两者相得益彰,可从不同角度审视细胞质膜的物质运输,促进学生对概念的全面认知。实验装置也可换为烧杯和透析袋,将传感器探头放置其中,实现对电导率变化数据的定量测量。由于实验持续时间短、仪器简单,学生还可以尝试用 $CaCl_2$ 溶液、淀粉溶液等,对玻璃纸、膀胱膜等材料展开探究,或改变温度、pH、溶液体积等条件测定透析膜的透过效果,以促进对细胞质膜的选择透过性的深入理解。

第七节 "叶绿体色素的提取分离及 叶绿素含量的测定"的教学设计

"叶绿体色素的提取分离及叶绿素含量的测定"是沪科版高中《生物学(必修1):分子与细胞》第 4 章第 4 节中的探究实验。教材在传统的色素提取与分离的基础上,增加了叶绿素含量的测定的实验。学生运用层析法,直观认识叶绿体色素的种类,再通过分光光度法,测定并比较叶片中叶绿素 a 和叶绿素 b 的含量差异,加深对植物叶片结构与功能关系的理解,为后续学习光合作用的光反应过程奠定基础。新课标要求学生能"说明植物细胞的叶绿体从太阳光中捕获能量,这些能量在二氧化碳和水变为糖和氧气的过程中,转换并储存为糖分子中的化学能"。虽然学生此前学习过叶绿体色素的特性,但对于色素的种类、含量和作用缺乏理性认知,有限的教学时长也限制了学生思维的逐步进阶,导致疲于应付,至于为什么这样做,现象说明了什么,根本无暇思考。这不利于学生的科学思维和科学探究能力的有效提升。教师若要改变这一局面,需要采取手段和策略激发出学生强有力的内驱力,主动建构光合色素的知识体系。项目化学习是一种可以让学生对问题深入持续探索,在调动所有知识、能力、品质等创造性地解决问题、形成公开成果的过程中,达成对学科核心知识和学习历程的深刻理解的学习模式。因此,教师基于项目化学习开展上述实验,通过厘清本质问题、提出驱动性问题、拆解驱动性问题等方式鼓励学生经历进阶式的探究过程,从定性到定量,从表象到实质,逐步理解光合色素在光合作用中发挥的作用,为一线教师开展基于项目的实验教学提供借鉴。

一、项目的设计

1. 厘清本质问题：为什么光合色素能帮助植物细胞获取能量？

项目化学习中的本质问题是连接大概念和驱动性问题的桥梁，是能够激发学生自我思考的动力。因此，本实验的设计与完成要指向课程标准中的大概念"细胞的生存需要能量"，以此梳理出知识脉络：绿色植物利用叶绿体中的光合色素将来自太阳的能量捕获、传递，并转变成活跃的化学能。因此，对于光合色素的认知成为理解光合作用中能量转化的关键。因此，确定实验需要解决的本质问题是"为什么光合色素能帮助植物细胞获取能量？"

2. 提出驱动性问题：为什么棉花植株没有叶片就难以存活？

接下去要将本质问题转化为驱动性问题。此时可以通过逆向思维转变本质问题："为什么没有光合色素的植物细胞就不能获取能量？"问题随即变成只要能够证明失去了光合色素的植物细胞难以生存即可，这就与自然现象建立起了联系。比如：柳树在寒冷的冬季叶片落尽，几乎没有光合作用，只能依靠其他方式生存；移植到寒冷的北方的棕榈树会因不适应气候树叶发黄枯萎逐渐死亡；遭遇病虫害的棉花会随着叶片残缺而渐渐死亡……教师可以从上述素材中获取启发，再结合夏雪梅提出的高质量驱动性问题的特征：(1)要让学生看到它就会产生兴趣，有动力去探究；(2)必须是真实的问题；(3)具有挑战性，并包裹核心知识。据此，以正常的棉花植株和被棉铃虫侵害过的没有叶片的棉花植株的生长状况作对比创设情境，设计出驱动性问题：为什么棉花植株没有叶片就难以存活？

3. 拆解驱动性问题：光合色素是什么？有什么用？有多少？

学生要想解答驱动性问题，需要依次梳理以下问题：叶片在植物的生长过程中起什么作用？为什么叶片是进行光合作用的重要器官？叶绿体中的什么物质对光合作用起着重要作用？光合色素是什么？有什么用？含量是多少？至此，完成了对驱动性问题的拆解。其中，"是什么"可以搞清楚光合色素的种类；"有什么用"则从物质与能量观对光合色素的作用进行认知；"有多少"是以数据为依据，达成对叶绿素与光合作用间量化关系的理解。这三个方面的探究不是平行展开，而是依据由浅及深的心智思维模式引导学生逐级进阶，进而完成对驱动性问题的解决。具体项目设计思路如图 5 - 36 所示。

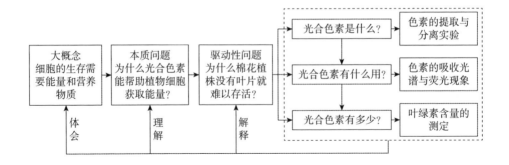

图 5-36 "叶绿体色素的提取分离及叶绿素含量的测定"项目化学习设计思路图

二、项目的实施

教师出示两张图片,分别是正常的长势良好的棉花植株和已经被棉铃虫咬光叶片即将死去的棉花植株,提出驱动性问题:"为什么棉花植株没有叶片就难以存活?"学生随即围绕这一问题展开回答,一致认为绿色植物的叶片中有叶绿素,可以进行光合作用。教师接着提问:绿叶中含有叶绿素,黄色的叶片中有吗? 能进行光合作用吗?

设计意图:通过对比同种植物叶片的两种不同状态,学生知道绿叶含有的叶绿素与光合作用密切相关,能为植物制造营养物质,维持生长。但叶片中是否只有叶绿素? 如何解释叶片变黄? 激发出学生探究叶片中色素的好奇心,为后续主动开展实验探究作了铺垫。

1. 拆解问题一:光合色素是什么?

教师播放提取和分离色素的操作视频,展示预先准备好的实验仪器和药品(漏斗、95%乙醇、纱布、聚酰胺薄膜、毛细吸管、分光光度计、光谱仪、紫外照射灯等)并讲解用途。实验材料有干燥、磨碎的菠菜的绿色和黄色叶片。学生填写第一列实验报告单(表 5-7)。

表 5-7 "叶绿体色素的提取分离及叶绿素含量的测定"的实验报告单

驱动性问题	为什么棉花植株没有叶片就难以存活?		
拆解问题	光合色素是什么?	光合色素有什么用?	光合色素有多少?
实验目标			

（续表）

实验仪器和药品			
实验材料			
实验原理			
实验结果			
实验结论			
自我评价	☆☆☆☆☆	☆☆☆☆☆	☆☆☆☆☆
需要改进			

设计意图:通过观看视频,学生已基本掌握叶绿体色素的提取和分离的实验原理和步骤,能较为准确地实施实验。通过填写实验报告单,学生明晰需要解决的问题,促进实验效果的提升。

学生根据转化的问题制定实验目标:提取和分离两种叶片中的色素。由于叶绿体色素具有亲脂性,能溶于有机溶剂,可用乙醇将它们提取出来。学生选择了大试管、漏斗、滤纸片、95%乙醇,搭建提取装置后分小组制备出 2 种色素提取液。再分别用毛细吸管吸取提取液在聚酰胺薄膜上画线,放置 95%乙醇层析液中进行层析,5 min 后观察样品在薄膜上出现的色素带的颜色和位置(图5-37)。通过比较,明显看出,绿叶中叶绿体存在脂溶性的 4 种色素,教师讲解自上而下分别是叶黄素、胡萝卜素、叶绿素 a 和叶绿素 b。其中,类胡萝卜素主要显现黄色,而叶绿素主要显现绿色。黄色叶片也含有 4 种色素,但明显类胡萝卜素含量远高于叶绿素。由此得出实验结论:无论绿色还是黄色叶片,均含

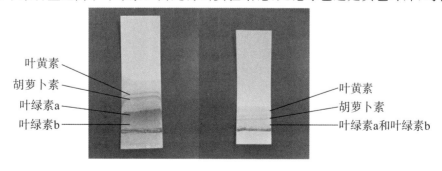

图 5-37　绿色叶片的色素层析条带和黄色叶片的色素层析条带

有4种色素,但含量不同,叶片颜色不同。学生此时产生新的疑惑:两类色素在光合作用中发挥的作用一样吗?

设计意图:通过对比两种叶片的色素条带,学生知道了光合色素不止一种,且比例不同会造成叶片呈现不同的颜色。依据结构与功能观,学生会联想到二者功能上的差异,接着进入第二个拆解问题的探究:"光合色素有什么用?"

2. 拆解问题二:光合色素有什么用?

教师用紫外灯照射提取液,溶液呈现红色,教师讲解荧光现象:叶绿素吸收的光一部分用来进行光合作用,制造氧气和有机物,一部分转变成热能,还有一部分转变成了荧光,这是色素分子吸收了光能之后能量的一种释放形式。学生清楚了色素具有吸收、传递和转化光能的作用。

设计意图:由于叶绿素荧光不仅能反映光能吸收、激发传递和光化学反应等光合作用的原初反应过程,而且与电子传递、ATP的合成和CO_2固定等过程有关。荧光现象可以让学生直观了解色素转化光能的多种形式。

教师提问:色素是否吸收所有颜色的光? 学生回答:绿叶提取液显绿色,说明不吸收绿光;黄叶提取液显黄色,说明不吸收黄光。教师用光谱仪(也可以用三棱镜替代)对绿叶提取液进行吸光度分析,学生看到红橙光和蓝紫光处光谱消失(图5-38、图5-39),而黄叶提取液的光谱只在蓝紫光处消失,红橙光处几乎没有消失(图5-38、图5-40)。说明两类色素对光进行了选择性吸收。完成实验报告单第二列内容的填写。

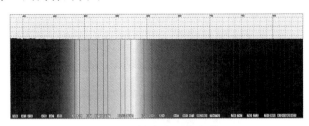

图5-38 95%酒精溶液吸收光谱图(对照)

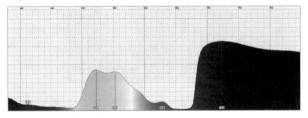

图5-39 绿色叶片色素提取液吸收光谱

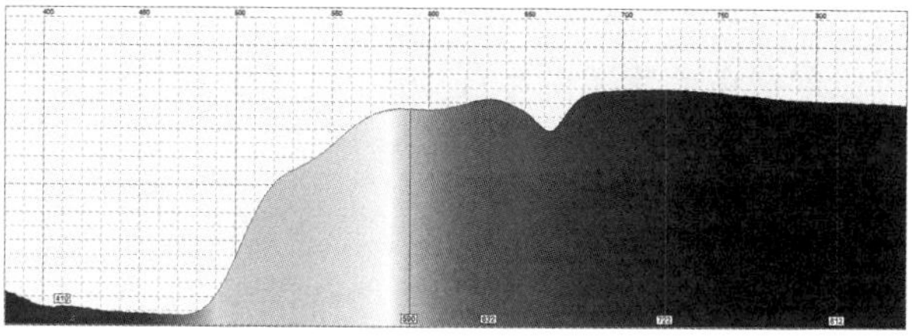

图 5-40　黄色叶片色素提取液吸收光谱

教师讲解:夏日绿色植物枝繁叶茂,光合作用较强,而到了秋天叶片变黄,光合作用受到影响,主要是哪种色素的含量发生了变化? 学生回答是叶绿素。教师接着提问:究竟是叶绿素 a 还是叶绿素 b 呢?

设计意图:光谱仪的直观演示让学生清晰地观察到色素对于不同波长的光的选择性吸收。生活中的经验让学生感觉叶绿素含量的变化似乎会影响到光合作用,教师此时引出对叶绿素 a、叶绿素 b 含量的测定,顺势进入第三个拆解问题的解决:"光合色素有多少?"

3. 拆解问题三:光合色素有多少?

教师要求学生第三次填写实验报告单,制订出实验目标:分别测定绿叶和黄叶中叶绿素 a、叶绿素 b 的含量。学生使用分光光度计对两个样品的色素提取液在 665 nm、649 nm 波长处的吸光度(A)进行测定,记为 $A_{665 \text{ nm}}$ 和 $A_{649 \text{ nm}}$,代入下列公式计算出叶绿素 a 和叶绿素 b 浓度。

叶绿素 a 浓度(mg/L)$=13.70 A_{665 \text{ nm}} - 5.76 A_{649 \text{ nm}}$

叶绿素 b 浓度(mg/L)$=25.80 A_{649 \text{ nm}} - 7.60 A_{665 \text{ nm}}$

学生比较两组数据,发现与绿叶相比,黄叶中的叶绿素 a、叶绿素 b 的含量大幅下降。教师解释:4 种色素只有部分叶绿素 a 具有转化光能的作用,生产中常常用叶绿素 a 与总叶绿素的比值反映光合作用的大小。

设计意图:从定性观察聚酰胺薄膜上色素含量的不同过渡到定量测定叶绿素 a 和叶绿素 b 的含量不同,学生使用分光光度计对绿叶和黄叶中叶绿素的含量进行比较,体会数据分析对于实证研究的价值。

4. 产品展示

学生最终完成了实验报告单,教师要求结合本节实验结果解释驱动性问题:"为什么棉花植株没有叶片就难以存活?"学生陈述观点:绿色叶片的叶绿体中有 4 种不同的色素,这些色素具有选择性吸收、传递和转化光能的作用,在光合作用过程中可以促成营养物质的生成,叶片没了意味着植物没有了制造养料的"工厂",很快就会死亡。

设计意图:项目化学习最终产品的展示是非常重要的环节,通过对各个实验数据的归纳和总结,学生回顾和解答了最初的驱动性问题,整个实验有始有终,完成了科学探究的闭环。

5.新一轮的项目化学习活动的展开

课内的实验虽已结束,但却点燃了学生探究的热情。他们提出了各式各样的问题:不同植物叶片吸收光谱一样吗? 吸收光谱与什么有关? 会随着溶液浓度的变化而改变吗? 所有的色素都有荧光现象吗? 荧光现象受到哪些因素的影响? 有什么实际应用价值? ……教师鼓励学生制订项目计划,课后开展相关探究活动。

三、教学反思

这节实验课是 1 课时,根据以往经验,教师在台上示范,学生在台下操练,做实验的目的与内容很难做到同步,会出现典型的"两张皮"现象。而引入项目化学习后,教师先从课程标准中提炼出本质问题,再以驱动性问题激发学生思考,学生带着问题和目的去做实验,知道为什么要做。当学生面对驱动性问题无从下手时,师生可以对问题进行拆解,将其化解为一个个小问题,增强学生与问题的"黏性",再循序渐进、逐一击破。这期间,学生的思维在项目的实施中得到进阶式发展,逐步获取成就感与满足感,迸发出新的探究欲望,成为真正的知识与能力并行的建构者。

项目化学习是国内外教育领域中备受关注的一种学习方式。由于课时紧张、学业繁重,高中生物学教师开展课内的项目化教学存在一定的阻力。究其原因是很多教师误认为项目化学习增加了课业负担,一旦实施就会影响教学进度和质量。殊不知,教师如果在教学中选取适宜内容,以项目化学习的思维意识重塑授课方式和节奏,可以起到事半功倍的效果。项目化学习注重以驱动性问题为整个项目推进的内驱力,提倡在项目实施的过程中运用知识、提升拓展能力,这与课程标准要求的发展学生的学科核心素养是一致的。学生核心素养的形成,不仅受教师教学方式的影响,更取决于学生的学习过程和学习方式。

如何将课程知识的学习过程提升为学生生物学学科核心素养的发展过程,教师不妨以项目化学习为载体做个尝试。

第八节　"基因工程——限制酶"的教学设计

"基因工程"是沪科版高中《生物学(选择性必修3):生物技术与工程》第3章的内容,本节是复习课的第1课时,主题是"限制酶"。经过高一、高二的学习,高三学生对限制酶已有初步认识,但对教材中"用与切取目的基因相同的限制酶将质粒切开"这句话的理解存在偏差:为什么要用"相同的"限制酶切取目的基因和质粒? 是否一定要用"相同的"限制酶? 如何获得成功重组的质粒?电泳技术、酶切片段的计算怎么辅助基因工程顺利完成? ……为解决这一系列问题,本节设计为基于项目驱动的方式递进教学,辅以自制软磁教具,让学生重新认识限制酶及重组质粒的制备。在此期间,教师让学生尝试实验设计,熟悉科学探究的基本思路和方法,使抽象的DNA片段连接与酶切形象化,培养学生的逻辑思维能力。限制酶的作用特点和"相同的"限制酶是教学重点,"如何精确制备重组质粒"是教学难点。通过观察不同限制酶的作用位点,让学生尝试归纳其特点,书写、比较、连接不同限制酶形成的黏性末端,加深对限制酶作用特点的理解;学生基于问题辨析重新连接的基因片段的特征,理解环形的重组质粒被切后的片段计算及电泳图谱作为一种技术手段在基因片段分离中所起的作用,突破难点。

一、教学目标

(1) 掌握限制酶的特点;理解用"相同的"限制酶切割目的基因和质粒的实质;理解酶切片段的计算和电泳图谱在制备重组质粒中的运用。

(2) 通过比较限制酶酶切位点、书写、切割、拼接基因片段,关注归纳与概括方法的运用;通过计算酶切片段,分析电泳图谱,经历重组质粒的制备过程,掌握科学探究的基本思路和方法,提高实践能力。

(3) 通过限制酶、电泳技术和酶切片段的计算之间的关系,懂得基因工程是一种基于理论的基因重组技术。

二、教学过程

1. 复习旧知，导入主题

教师提出 3 个问题：基因工程的基本过程是什么？用到哪两种工具酶？它们的作用是什么？学生回忆、复习旧知，为新课的学习做好准备。

设计意图：复习课的开场简单直接，通过 3 个问题让学生迅速进入状态，简要回顾基因工程的 4 个基本步骤和两个工具酶，构建基因工程的总体知识框架，引出限制酶的专题复习。

2. 再次认识限制酶

PPT 上展示 3 种不同的限制酶的作用位点（表 5-8），让学生观察、比较。教师提问：3 种限制酶的识别序列相同吗？切割位点相同吗？限制酶的作用特点是什么？在教师的启发提问下，学生概括限制酶的特点，即识别特定序列、切割专一位点。

表 5-8　3 种限制酶的酶切作用位点

*Bam*HI	*Bcl*I	*Eco*RI
↓	↓	↓
G GATCC	T GATCA	G AATTC

设计意图：通过比较识别序列的差异性，学生认识到限制酶作用的特异性，并尝试用概括性的语言进行描述，培养观察、比较和归纳的能力。

（1）正确认识黏性末端

以 *Eco*RI 为例，请学生按照碱基互补配对原则写出 DNA 的另外 1 条链，再标出这条链上的酶切位点，最后写出酶切后的黏性末端（图 5-41）。

图 5-41　*Eco*RI 的作用过程

接着请学生仔细观察比较 2 个黏性末端，教师提问：切出的 2 个黏性末端一样吗？它们能重新连起来吗？为什么能再连起来？还需要什么酶的帮助？

连起来后能再次被 $EcoRI$ 切开吗？学生们思考作答。再请学生利用软磁教具模拟酶切过程,剪切出 BamHI 和 BclI 酶切后的黏性末端(图5-42和图5-43)。

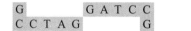　　

图5-42　BamHI 作用后的黏性末端　　　图5-43　BclI 作用后的黏性末端

设计意图:通过书写、剪切、观察,让学生熟悉限制酶的作用方式,黏性末端再次连接的特点及碱基互补配对在此过程中的应用,强化教学重点。

(2) 透彻理解"相同的"限制酶的概念

引导学生仔细观察 BamHI 和 BclI 作用后的黏性末端,提问:它们的黏性末端相同吗？可以相连吗？学生尝试用软磁教具拼接,教师提问:如何理解教材中"用与切取目的基因相同的限制酶将质粒切开"这句话？基因工程中必须用"相同的"限制酶作用目的基因和质粒吗？可以用不同的限制酶吗？如果选择不同的限制酶,它们需要具有什么特点？

设计意图:通过2种限制酶切黏性末端的剪切、连接,学生明白限制酶虽然不同,但能切出相同的黏性末端,DNA片段就能相互连接。目的基因与质粒相连的本质是具有相同的黏性末端,因此要选择能切出"相同黏性末端"的限制酶。

(3) 巩固辨析限制酶的作用特点

教师请学生再次观察重新连接后的序列(图5-44),提问:这个新形成的DNA序列能被 BamHI 或 BclI 切开吗？为什么？

图5-44　BamHI 和 BclI 作用后的黏性末端相互连接

设计意图:学生再次熟悉限制酶的作用特点——识别特定序列,切割专一位点;认识到一旦识别序列改变,限制酶将无法作用。这个环节的设计不仅能巩固刚才吸纳的知识,还为后续的教学活动作了铺垫。

3. 相同的限制酶的实质

(1) 限制酶的选择

"蓝色妖姬"是日本三得利公司培育出的蓝色的玫瑰花,为获取蓝色显色基因,请大家帮助科研工作者进行基因工程的实验,选择出合适的限制酶和质粒(图 5 - 45),并说出理由。

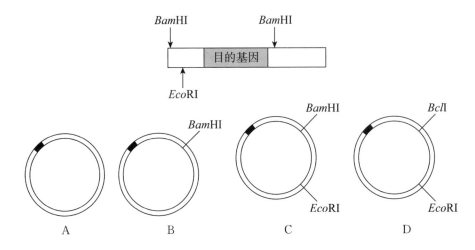

图 5 - 45　含有目的基因的 DNA 片段和 4 种质粒

学生甲:我选择 *Bam*HI 切取目的基因,因为它可以切出整段目的基因。

学生乙:我认为只选用 *Bam*HI 会使目的基因片段具有相同的黏性末端,会发生自身环化现象,我选择 *Bam*HI 和 *Eco*RI 同时切取目的基因,产生不同的黏性末端,可以避免自身环化。

学生丙:我选择质粒 C 作为运载体,因为 A 没有酶切位点,B 只有 1 个,而 C 可以切出和目的基因相同的黏性末端,所以作为运载体较为合适。

学生丁:我觉得质粒 D 也是可以的,虽然 *Bam*HI 和 *Bcl*I 是不同的限制酶,但它们能切出相同的黏性末端,目的基因可以连接在质粒上。

学生戊:如果选择 *Bam*HI 切取目的基因和质粒 B,虽然会发生自身环化,但也存在不环化的概率,所以也是可以的。

……

设计意图:这个环节是在前一部分认知的基础上,让学生充分讨论并思考,在挑选限制酶时,进一步认清楚限制酶的作用本质和黏性末端的作用;在挑选运载体时,认识到要选取能产生相同黏性末端的限制酶切取质粒。

(2) 基因片段的分离

教师接着提问:如果选用 *Bam*HI 和 *Eco*RI 切取目的基因,会得到几个片

段? 这些片段的末端具有什么特征? 如何得到只含有目的基因的片段? 学生
思考后回答共得到 4 个片段,其中有 1 个小片段具有和目的基因片段相同的黏
性末端。教师继续启发引导:有什么方法可以将它们区分开? 引入电泳技术,
让学生简单了解 DNA 在一定的电场力作用下会向正极泳动,DNA 分子越大,
泳动越慢,从而可以将分子量大小不同的 DNA 片段分离开,再通过溶解凝胶将
所需片段回收纯化。

　　设计意图:通过让学生思考 2 种酶切取目的基因,明白实际操作中获取目
的基因的不易,也让学生知道电泳技术在基因工程中的运用,帮助分离不同分
子量的 DNA 片段,获得单一的含有目的基因的片段。

　　(3) 酶切片段的计算

　　教师继续思维拓展,趁势发问:如果 DNA 片段的长度相等怎么区分? 单纯
依靠电泳技术可以吗? 向学生展示目的基因和质粒(图 5 - 46),让学生思考如
何借助限制酶及电泳技术得到正确的重组质粒。

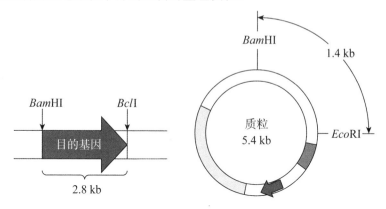

图 5 - 46　含有目的基因的 DNA 片段和质粒

　　学生给出了较为清晰的分析过程:第一步,选择 *Bam*HI 和 *Bcl*I 切取目的
基因,用 *Bam*HI 切取质粒;第二步,用 DNA 连接酶连接获取重组质粒。教师
提问:有几种重组质粒? 如何区分? 学生展开小组讨论,在草稿纸上画出两种
不同的重组质粒(图 5 - 47)。

图 5-47 两种不同的重组质粒(正接和反接)

教师启发学生比较两种重组质粒的不同,让他们设计实验方案进行区分。同学们注意到重组质粒上均有 EcoRI 的酶切位点,结合刚才归纳的知识点——分别用 BamHI 和 BclI 切出的黏性末端虽能相连,却不能被它们再次切开,但如果都是用 BamHI 切开的黏性末端相连,却可以再次被切开。

经过讨论思考,学生们设计出实验方案:先用 BamHI 和 EcoRI 切取两种重组质粒,再用电泳法分离。若分离出长度为 1.4 kb 和 6.8 kb 的 DNA 片段,表明这个是反向连接的重组质粒,弃之;若分离出长度为 4.2 kb 和 4.0 kb 的 DNA 片段,回收之后用 DNA 连接酶连接,获得正向连接的重组质粒。

设计意图:通过限制酶、电泳技术和酶切片段的计算之间的关系,使学生初步掌握科学探究的基本思路,懂得基因工程是一种既重理论又重实践的基因重组技术。

三、教学反思

这节课是基于项目驱动来设计的,围绕着基因工程中的重要工具限制酶逐步展开,学生模拟科研工作者的身份,选取合适的限制酶获取蓝色目的基因,从而开发"蓝色妖姬"。项目的展开又是基于问题,问题的设计注重逻辑性,每个问题的解决都是建立在旧知的熟练与巩固之上,解决旧问题,产生新问题。教师的问题设计注重层次性、逻辑性,问题可大可小,大的问题激发学生的思维活跃度,让学生从更高的视角在不同的知识点间建立联系;小的问题聚焦某个具体细节,关注过程的严谨性,加大对知识的思考深度。基于问题驱动的课堂教学能促使学生自始至终都在思考,能全面、透彻、深入地理解限制酶的作用特点,在基因工程中发挥的重要作用。这节课学生思维活跃,师生间的互动较强,学生的逻辑思维习惯和科学探究能力有了一定程度的提升,学生非常享受知识的获取与问题的解决过程。遗憾的是课堂教学缺少一定的生活情境,如果能够让学生真正运用限制酶解决基因工程中的某个实际问题就更好了。

第九节　"TI 图形计算器辅助的孟德尔分离定律"的教学设计

　　孟德尔的分离定律是沪科版高中《生物学(必修 2):遗传与进化》第 2 章第 2 节的内容,在遗传学中占据重要地位,其实质是描述有性生殖的生物在进行减数分裂时,同源染色体上等位基因的分离现象。这个科学定律的发现归功于孟德尔的细心观察、杰出的实验工作和对数据采取的巧妙的统计方法,这种数学建模思想在孟德尔遗传定律的归纳整理中所起的作用是高中生物学教学中的难点。新课标指出模型与建模是一种重要的科学思维方法,能够凸显"教师为主导,学生为主体"的教学理念,有利于培养学生的创新意识。为了让学生体验定律的发现过程,诸多文献聚焦模拟实验的改进,如从布袋中抓取小球、抽取粉笔或扑克牌、用 Excel 软件统计等,这些模拟过程固然可以促使学生加深印象,但忽略了对定律实质的探究,易使实验过程流于表象,缺乏对模型与建模这一科学思维的培养。

　　教师在授课时发现,在模拟性状分离比的抓取实验中,随着抓取次数的增多,F_2 的表现型之比趋于 3∶1,但这是假设控制性状的基因是一对等位基因,且配子间的结合是随机的前提下。思维活跃、善于提问的学生常常产生疑问:孟德尔提出的假设为何与实验结论高度吻合? 有没有可能他当时提出了其他的假设? 这些假设又是如何被推翻的? 面对这样的问题,教师基于项目化学习对教材内容进行了重新梳理和整合,提出驱动性问题:杂合豌豆自交后代的性状分离比到底是多少? 设计了 5 个逐级递进的教学活动,激发学生运用跨学科的知识思考问题,商讨解决办法,并在 TI 图形计算器的辅助下减少主观误差、缩短实验时长、可视化模拟结果,使学生在对孟德尔分离定律的实质产生透彻理解的同时,培养模型与建模的科学思维。

一、教学目标

　　基于课程标准的内容要求、学业要求和学业质量标准,并围绕培养学生核

心素养的要求,制订了如下教学目标:

1. 通过分析分离定律的模拟实验的科学内涵,树立生命因遗传而延续的科学的自然观。

2. 探究设计、实施传统性状分离比的模拟实验,培养模型与建模的思想方法,养成科学思维的习惯。

3. 通过对孟德尔假设的辩证分析讨论与 TI 图形计算器的辅助模拟,掌握科学探究的思路和方法。

4. 通过信息技术在实验过程中的应用,提升跨学科解决问题的意识。

二、教学过程

根据布鲁姆的认知理论,学生对知识与技能的掌握需要经历识记—理解—应用—分析—综合的过程。考虑到学生对于科学探究过程的理论已有所了解,但缺乏实践的操练和巩固,运用科学思维解决实际问题的能力还存在不足,教师采取以学生参与度较高的系列活动教学的策略开展此次教学,流程如图 5-48 所示。

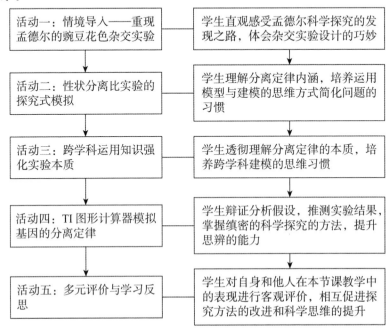

图 5-48 "TI 图形计算器辅助的孟德尔分离定律"的教学流程图

1. 活动一：情境导入——重现孟德尔的豌豆花色杂交实验

课堂导入：孟德尔被称为遗传学的奠基人，他凭借巧妙的实验设计和数理统计方法发现了遗传学的两大定律，今天先给大家展现一下他所从事的部分实验工作。教师接着利用教室里的希沃放大投影仪及剪刀、笔刷等工具，对开有紫花和白花的豌豆植株进行母本去雄和人工授粉的操作，模拟孟德尔的杂交实验过程。接着提出问题：孟德尔可以潜心 8 年，观察豌豆的 F_1 和 F_2 的性状及比例关系，进而发现遗传学规律，我们该如何在现有的条件下模拟这一实验并迅速观察到结果呢？教师启发学生运用模型与建模的方式思考问题，由此引入性状分离比的模拟实验。

设计意图：学生通过直观地观察孟德尔经典的杂交实验步骤，体会科学家工作的细致与艰辛，并尝试运用模型与建模的思维方式模拟实验过程，理解豌豆花色遗传的客观规律。

2. 活动二：性状分离比实验的探究式模拟

教师讲述孟德尔的假设：生物体的遗传性状是由成对的基因决定的，在形成配子时，等位基因分别进入不同的配子中去。教师引导并启发：彼时的孟德尔通过实验来验证假设，现在的我们可以利用模型与建模的方式去模拟、探究这一过程。

接着，教师拿出两个布袋和黑、白棋子，提问学生：布袋和棋子分别可以模拟杂交实验中的什么？你会如何设计实验？实验中需要注意些什么？……学生们分小组讨论，在紫花和白花的具象与布袋、棋子的抽象间建立转化关系，探究完成实验设计方案（表 5 - 9）并开展实验。由于是自己设计、实施实验，有些小组抓取的最终结果并未出现预期的 3∶1。教师引导学生深入思考，查找原因，修改实验设计方案，以促进对模型与建模的方法的全面理解：为什么模拟的结果和孟德尔的实验结果不一致？问题是出在实验设计还是操作中？……学生们在不断的讨论与总结中对孟德尔分离定律的本质有了更为清晰的认识。

表5-9 性状分离比实验的探究式模拟设计方案

	豌豆 F_1 自交实验	学生设计模拟实验
F_1	紫花雌蕊 ⊗ 紫花雄蕊	
	雌配子 雄配子 A、a A、a	
	雌、雄配子随机结合	
F_2	AA：Aa：aa＝1：2：1 紫花（显性）：白花（隐性）＝3：1	

设计意图：不同于让学生按部就班地开展实验并提前注意实验中的各个事项，教师采取的是放手让学生去思考、去设计、去实践，对在建模的过程中遇到的问题，在挫折中反思、改进，思考每个材料和步骤的生物学含义，充分理解实验内涵。设计实验是科学探究方法中的重要一环，除却遵循科学原则，学生需要学会对实验步骤进行不断修正，以便做出正确的判断并进行深入研究。该过程不仅培养了学生的科学探究能力，也强化了学生对分离定律的认识，为跨学科知识的迁移做准备，有助于模型与建模这一思维习惯的养成。

3. 活动三：跨学科运用知识强化实验本质

教师接着提问：大家在进行模拟实验的时候，有没有觉得哪些步骤可以进一步优化？在教师的启发下，学生想到为了避免抓取棋子时的人为主观干扰，可以借助计算机程序的随机输出；为了简化不断抓取的烦琐过程，可以运用计算机软件中的循环程序；现有的模拟实验不能实时展现 F_2 中的性状分离比变化，可以用数学函数曲线表示等。由于学生在高一信息技术课上学习过 Visual Basic 编程软件，这些问题可以借助这个软件进行模拟再现，大家表示可以课后请教信息课老师帮助解决这些问题。

设计意图：性状分离比的模拟实验属于经典的模型建构类实验。但经典不意味着完美，在实际教学中，教师通过启发引导学生结合其他学科知识对原有实验进行优化，让学生学会抱有怀疑的态度思考问题，不盲从、不臆断，有理有据地分析问题，提出更好的解决问题的方法。高一学生已经学习了简单的编程语言,具备了运用计算机语言解决一般问题的能力,他们能想到用程序来模拟分离定律,既深化了模型与建模的思想,又展现了知识的迁移能力。

4. 活动四:TI 图形计算器模拟基因的分离定律

鉴于学生已经有了跨学科的解决问题的意识,教师拿出事先准备好的 TI 图形计算器分发给各个小组。计算器内设置有分离定律的模拟程序。学生可以任意输入需要抓取棋子的总次数,系统会记录并计算 F_2 中显性、隐性的比例关系,并生成实时曲线。通过手动输入不同的次数,学生可以清楚地看到抓取 50 次的比例关系,$(AA+Aa):aa$ 并不是 $3:1$,但随着次数增加到 500 次,逐渐趋近于 $3:1$(图 5-49),说明规律的总结是建立在对大量数据的分析的基础之上的。

设计意图:经过之前的层层铺垫,学生已经有了模型与建模的思维方式,此时 TI 图形计算器的引入不仅帮助解决了经典实验中的问题,且为学生直接、客观地观测结果提供了可视化的途径,使学生明白科学探究过程中数据分析的重要性。

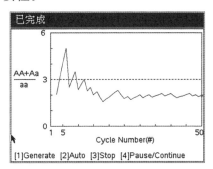 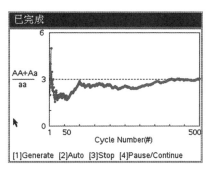

图 5-49　性状分离比模拟实验抓取次数与 F_2 性状之比曲线图

有些思维活跃的学生还提出:如果孟德尔的假设是不成立的,比如,F_1 中 A 与 a 的配子数量不相等,F_2 的比例关系还会是 $3:1$ 吗?TI 图形计算器也设置了一个 A 数量不等于 a 的运算程序,学生输入不同的抓取次数进行模拟,发现未出现趋近于 $3:1$ 的比例曲线(图 5-50),这与 F_2 中豌豆花色的实际比例是不相符的,说明 F_1 中的 A 与 a 的数量是一样的,即孟德尔的假设——A 与 a 配子数量相等,且等位基因分别进入不同配子是成立的。

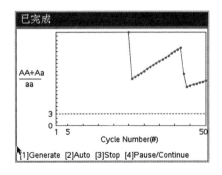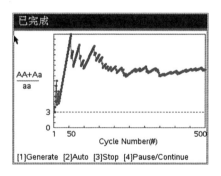

图 5-50 A 配子多于 a 配子的模拟实验抓取次数与 F_2 性状之比曲线图

设计意图:在实际授课过程中,总有个别思维活跃的学生对孟德尔提出的精准的假设感到惊讶,同时也会产生疑惑,如果控制性状的基因数量不是 1:1, F_2 的性状比还会是 3:1 吗? 学贵有疑,教师应鼓励并适时解答这些学生的疑惑,TI 图形计算器的辅助可以在较短的时间内对上述问题进行论证,打消疑虑。

5.活动五:多元评价与学习反思

在本节课的教学中,学生以小组为单位对孟德尔分离定律进行了模型与建模的探究性学习。学生在课堂上先是用传统的布袋、棋子尝试设计模拟实验,协作调整并共同解决问题,同时教师鼓励学生对实验大胆提出改进意见,培养学生不盲从、不跟风的严谨的科学态度,最后组织学生完成多元课堂评价表(表 5-10),使每一个学生认识到自身的闪光点和不足,促进自身科学素养的提升。

表 5-10 "TI 图形计算器辅助的孟德尔分离定律"的课堂表现评价表

项目	A	B	C	D	个人评价	小组评价	教师评价
认真度	态度非常认真,积极思考问题。	态度较为认真,能较为积极地思考问题。	认真程度一般,能思考问题。	态度不认真,不思考问题。			
参与度	有极高的参与热情,并落实到实践。	有较高的参与热情,能落实到实践。	有参与热情,实践的主动性不强。	没有参与热情,不愿参与实践活动。			

（续表）

项目	A	B	C	D	个人评价	小组评价	教师评价
交流情况	非常愿意提问，逻辑清晰，有很好的语言表达能力。	愿意提问，逻辑较为清晰，有较好的语言表达能力。	能够提问，逻辑不甚清晰，运用语言的能力较弱。	不愿提问，逻辑混乱，运用语言的能力较差。			
模型与建模思维	很好，积极主动探究。	较好，愿意探究。	一般，可以探究。	不具有，不愿探究。			
团结协作	积极主动地配合其他组员。	愿意配合其他组员。	不太愿意配合其他组员。	不愿配合其他组员。			
动手能力	动手能力强，能快速精准地完成模型搭建。	动手能力较强，能较好地完成模型搭建。	动手能力一般，能完成模型搭建。	动手能力较差，不能完成模型搭建。			
活动整体目标达成情况	很好	较好	一般	不好			
自我评价							
同伴评价							
教师评价							
评价结果（总分）							

填表说明：

1. 本评价表在课堂学习内容结束后完成。

2. 本评价表主要针对学生的活动表现情况作评价。

3. 定量评价部分总分为70分，A、B、C、D分别对应10分、7分、4分、0分。最后总分取值为教师评、小组评和自评分数按平均值计算。

4. 定性评价部分分为"自我评价""同伴评价"和"教师评价"，都是针对被评者作概括性描述和建议，以帮助被评者改进与提高。

三、教学反思

教材中的性状分离比模拟实验属于一类验证性的实验,学生反复抓取,记录棋子的组合往往会导致他们只关注实验流程,而忽视对实验的内涵进行分析。本节课采用项目化学习的方式,将孟德尔的假设成立与否作为驱动问题穿插进去,激励学生辩证地思考问题,帮助他们全面地经历科学探究的全过程,培养科学思维能力。事实证明,TI 图形计算器辅助的模拟程序可以帮助学生即刻观察到 F_2 中显性、隐性的比例关系和基因型之比变化曲线,不仅节省了时间,还加深了学生对孟德尔分离定律的理解,使生物学中的遗传内容变得更为生动、有趣。

第六章

高中生物学跨学科项目化学习设计策略总结

在对调研报告和案例实施及反思等相关材料综合分析后可以看出，项目化学习表面上改变的是学习与教学的方式，事实上它触及对学科知识本质的理解方式的变革，对教师和学生都具有挑战性。首先，教师需要搜集、筛选适合项目化学习的高质量案例，将其转化成适宜自身和教授对象的可借鉴的方案；其次，教师在引导学生开展项目化学习的过程中，要时刻关注学习是否真正发生，学生的学科核心素养和跨学科素养是否得到培养；再次，最好能产生公开的产品，产品是创造力的外在表现，让学习成果外显、可见、能估；最后，还要关注适时的评价对项目化学习的推进，评价不仅要关注产品，更要注重过程，让学生通过和他人讨论得到反馈、批评并帮助改善，教师本人也通过反思得到提升。

第一节　跨学科的项目化学习设计与实施框架

跨学科视角下高中生物学项目化学习设计与实践框架图展示了跨学科项目化学习的核心要素和设计思路（图6-1）。通过整合不同学科的知识与技能，在项目的设计与实施过程中学生的综合素养和问题解决能力得到提升和锻炼。

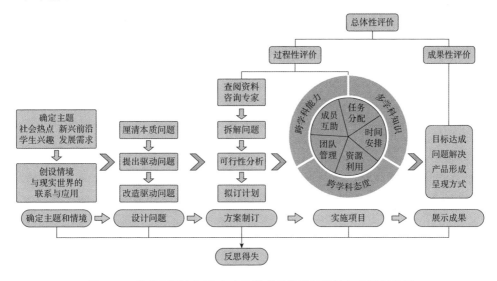

图6-1　跨学科视角下高中生物学项目化学习设计与实践框架图

生物学是一门与人类生活息息相关的基础学科,在重大的医学发展事件和社会议题中均有所体现,科技的不断创新使其蕴含的生物学现象和自然规律逐渐为人类所发现和掌握,这些可以成为设计指向生物学核心素养的项目化学习的取之不尽的素材来源。高阶思维通常包括批判性思维、创造性思维、决策性思维、问题解决能力等,这些能力对于学生在未来社会中的适应和发展至关重要。教师需要结合学生的学习兴趣和个人特长促进其高阶思维的生长。仅凭单一的学科背景很难达成上述目标,需要调动学生的各学科知识和技能,在建构跨学科的大概念和素养的导向下与生物学实现有机融合。在拟订的主题框架下,综合考量其与现实世界的联系与应用,尤其是与教授对象的密切程度和实施难易程度的关系,设定恰切的真实或虚拟的场景,在场景中生发问题,形成任务,最终完成情境的创设。值得注意的是,教师需要考虑问题解决对学生的挑战、项目小组成员间的合作沟通和资源利用等关键问题,为情境创设的合情合理提供依据。

"厘清本质问题"通常涉及一系列的思考和探究过程,以便深入理解问题的核心和实质。可以围绕以下路径展开:(1)理解项目、明确问题。本质问题应该指向学科中的大概念,它没有直接答案,却能够激发学生自我思考的动力,需要学生通过探究和实践来逐步深化理解。要将这些问题具体化、清晰化,确保对问题的定义和描述准确无误,为后续的问题解决奠定坚实的基础。(2)探究成因、了解背景。通过探究成因,学生可以建立起对问题的全面认识,进一步加深对本质问题的理解。了解背景则是探究成因的基础。在项目化学习中,学生需要了解与问题相关的背景信息,包括历史背景、社会背景、文化背景、学科背景等,这些背景信息有助于学生更好地理解问题的产生和发展过程,从而更加准确地把握问题的本质和核心。(3)拆分问题、定位问题。拆分问题是指将复杂的问题分解成若干个子问题或组成部分,以便逐个击破,降低解决问题的难度。定位问题则是要找出问题的关键所在,确定问题的主要矛盾和瓶颈,为后续制订针对性的解决方案提供指导。在项目化学习中,定位问题和拆分问题都是解决本质问题的关键环节。通过定位问题,学生可以明确问题的核心和关键;通过拆分问题,学生可以逐步深入探究和理解本质问题的各个方面。这两个环节相互关联、相互促进,共同推动学生对本质问题的深入探究和解决。(4)探索跨学科联系。值得注意的是,在解决本质问题的过程中,学生还需要跨学科的知识整合和综合运用。因为本质问题往往涉及多个学科领域的知识和技能,学生需要跨越学科界限,将不同学科的知识和方法进行融合和创新,以更好地解决本质问题。这种跨学科的综合运用能力也是项目化学习的重要培养目标之一。

"设计驱动性问题"是一个需要仔细思考和创新的过程。它需要关联真实的情境,从日常生活中的问题、社会现象、科技发展等角度出发,寻找与学生生活紧密相关的话题,激发学生的兴趣,从而产生共鸣。要关注问题的开放性和挑战性,激发学生深入思考和探究,培养批判性思维和创新思维。同时,要考虑整合多学科的知识和观点,这样有助于培养学生的综合素养和跨学科思维。

当遇到"驱动性"问题并未产生"驱动力"的时候,可以尝试从以下几个方面对问题进行改造:(1)调整问题的难度与深度。过于简单的问题可能无法激发学生的思考,而过于复杂的问题则可能使学生感到困惑和无从下手。需要根据学生的年龄、认知水平和兴趣点,适当调整问题的难度和深度,确保其既具有挑战性又不至于过于复杂。(2)优化问题的表述与结构。使用更加清晰、准确的语言表述问题,避免歧义或模糊性,调整问题的结构,使其更具逻辑性和连贯性,有助于学生更好地理解问题并进行探究。(3)增加问题的开放性与真实性。允许学生从多个角度和层面进行思考和回答,将问题置于真实情境中,增加问题的吸引力和实用性;也可以设计多种可能的解决方案或路径,以鼓励学生发挥想象力和创造力,提出自己的见解和解决方案。

"制订方案"在项目化学习中是一个综合性的过程,涉及多个关键步骤。在项目开始阶段,首先需要对相关领域进行广泛的研究和资料搜集。这包括查找相关的学术论文、研究案例等,以便对项目的背景、现状和未来趋势有一个全面的了解。咨询专家是获取专业意见和建议的重要途径。通过与专家交流,可以深入了解项目的实际操作细节、可能遇到的问题以及解决思路。拆解问题是将项目目标分解为更小、更具体的任务或子问题的过程。这有助于使项目更具可操作性,便于团队成员分工合作。在拆解问题时,需要考虑问题的层次结构、逻辑关系以及解决这些问题的先后顺序。确保每个子问题都有明确的目标和解决方案,并与整个项目的目标相一致。可行性分析是评估项目是否可行和值得实施的过程。这包括师资可行性、学情可行性、设备可行性等方面的分析,这些有助于全面了解项目的内外部环境,为决策提供依据。在完成以上步骤后,可以开始拟订详细的项目计划。需要确保计划具有可操作性、可衡量性和可调整性。后续实施过程中,还需要根据实际情况不断调整和优化计划。

　　"实施项目化学习"需要关注学生的自律与恒心,鼓励学生对问题进行持之以恒的探究,在过程中不断学习知识和技能,培养团队的协作能力和执行力,并能及时发现问题,作出适时的调整和反馈,最终形成可视化的"产品"。(1)任务的分配:任务的分配应根据学生的实际情况和个性特点进行。教师应了解每个学生的能力、兴趣和特长,以便为他们分配合适的任务,发挥他们的优势,促进合作学习。(2)时间的安排:教师应合理安排项目的时间,确保学生有足够的时间进行探究和学习,同时也要避免因时间过长导致学生失去兴趣和耐心。(3)资源的利用:教师需要提前准备好多种资源,包括教材、网络、实验设备、数字化仪器等,并确保学生能够方便地使用。同时,还要教会学生如何有效地整合和利用这些资源,以提高项目效率。(4)学生的参与:项目化学习是学生的演练过程,绝不是教师的"独角戏",教师需要充分调动学生的主动性和积极性,让学生成为过程的主导者。(5)风险的管理:在项目化学习过程中,可能会遇到各种风险和挑战。教师需要提前进行风险评估,并制订相应的应对措施。同时,还要教会学生如何识别和处理风险,提高他们的应对能力。

　　"展示项目化学习成果"意味着整个项目化学习已经接近尾声,需要注意以下几点,以确保展示的有效性和辐射性:(1)明确展示目标:要清晰定义展示的目标和预期效果,这有助于确保展示内容与学习目标紧密相连,也能使其他同学更容易理解被展示者的意图。(2)精简展示内容:展示内容应简洁明了,突出重点。避免冗长的解释和不必要的细节,确保在有限的时间内有效地传达关键信息。(3)选择展示方式:根据项目特点和学习目标,选择最适合的展示方式。这可以包括口头报告、PPT演示、实物展示、视频展示等,能够直观地展示项目成果和学习过程。(4)注意展示技巧:在展示过程中,注意使用恰当的语气、语速和肢体语言,以增强表达效果。同时,保持与观众的互动,回答他们的问题,以加深对展示内容的理解。(5)强调反思总结:在展示结束时,对项目进行反思和总结,强调所学到的知识和技能。这有助于观众更好地理解项目的价值和意义,也能为未来的学习提供借鉴。

　　最后,对项目化学习的反思和复盘是教师和学生双方的任务,它涉及对项目目标、实施过程、经验和教训的全面分析,以及提出改进措施和建议。通过这个过程,教师需要反思自己在项目化学习中的角色定位和指导方式,例如:是否给予了学生足够的自由度和探索空间,是否在关键时刻提供了有效的支持和引导,指导是否有助于学生的深度学习和思维发展,以不断优化项目化学习的设计和实施策略;学生则通过反思,复盘自己获得了哪些宝贵的经验和教训,从而实现个人素养的全面提升和发展。

值得一提的是,对于项目化学习的评价是贯穿始终的,要根据项目特点和评价目标选择合适的评价方法,以促进学生的自我调整和提升。

第二节　跨学科的项目化学习策略总结

一、策略一:转化本质问题为驱动性问题

顾名思义,"本质"是事物存在的根据。本质问题是基础,是核心,基于它能推演出不同思考与讨论。本质问题是连接大概念和驱动性问题的桥梁,具有永恒性的、普遍性的价值,是学科或者人生发展历程中最有意义的东西。学科本质问题指向学科中的大概念。跨学科的本质问题常常是指向人生、社会的本质性问题。对这些本质问题的回答,甚至能影响学生的一生。驱动性问题是能够吸引并推动学生自主学习的很有"魔力"的问题。教师需要注意的是,驱动性问题往往是有趣的、真实的、富有挑战性的。项目化学习应从小的驱动性问题开始,逐步将"知道什么"和"能做什么"联系起来,用"能做什么"驱动学生主动学习、学会思考。例如:探究"为什么苔藓植物经过阳光暴晒就死了呢?"和学习"植物的生长需要什么条件?"所要达到的目标是一致的,只不过前面的问题比起后者会让学生感觉更有意思,因此也更有探究动力。前面的问题就是项目化学习中的驱动性问题,后面的问题是本质问题。

二、策略二:转换视角使问题具有"真驱动"特性

设计出驱动性问题后,还需要视具体的方案和学情来对问题进行修正。为什么呢? 因为有时候我们发现,教师设计出了非常好的驱动性问题,但由于每个学生的已有认知和认识事物的水平是有差异的,并不能对全体学生起到良好的"驱动"作用。教师要适时作出调整,改造这个驱动性问题,甚至邀请学生参

与到这一问题的设计中来。教师要让学生感到"这个问题有意思,我很想看看我能否解决这个问题!",而不是让学生觉得"这是老师让我们探究的问题,无聊!"。

我们来看两个问题:

"苔藓在生态系统中发挥了什么作用?"

"假如你是一名生态学家,外出旅游时碰到一群'熊孩子'肆意践踏苔藓,你上前阻止,要如何让'熊孩子'明白苔藓的价值呢?"

你喜欢哪一个问题? 相信大多数人会选第二个,对学生来说更是如此,因为第二个问题更有趣。显然,高质量的驱动性问题,首要的是让学生看到它就会产生兴趣,有动力去探究。对此,我们可以在驱动性问题中加入有趣的元素与情节,比如身份的转变,成为一名"生态学家"。

三、策略三:借用"他山之石"促进跨学科融合

1. 将关键概念放在不同的学科情境中,帮助学生准确地理解概念

学科情境通常包括:①历史情境。将某个关键知识放到知识所产生的历史河流中,复演这个知识之所以产生的特定情境,即科学史的合理借鉴。②现实情境。将某个关键知识放到这个知识可以发挥作用的现实情境中,发现这个知识是如何独立或者与其他知识交织作用而解决真实问题的。③艺术情境。将某个关键知识放到应用这个知识可以产生艺术美感的作品或艺术场景中,制作可以体现这一知识的艺术品。④工程情境。将某个关键知识放到运用这个知识可以综合解决技术工程问题的情境中,促使学生动手制作。

例如,教师在教授"DNA 是主要的遗传物质"时,可以综合运用上述方式:①在科学史上,谁首先发现了 DNA 的结构? 前人的工作有什么帮助吗? 学生通过上网查找、阅读书籍等方法搜集整理 DNA 的发现历程和重要事件(文字、图片及数字材料等),形成图文并茂并配有解说词的时间轴,理解任何科学发现都是曲折的。②在现实情境中,我们可以用什么方法得到 DNA 吗? 学生可以搜索资料,查找提取生物体细胞内 DNA 的方式,了解它的性质。③你能搭建一个 DNA 的结构模型吗? 需要准备哪些材料? 用模型建构的方式把它构造出来。学生阅读书籍,学习 DNA 的基本结构和组成。④给出资料:幽门螺杆菌是目前胃病的头号致病因素,受诊者口服尿素胶囊后轻呼一口气,就能检测出是

否感染该菌,这和确定DNA是遗传物质的"噬菌体侵染大肠杆菌"实验原理是一样的,你能进行解释说明吗? 学生将所学知识的关键概念运用到新的情境中去解释新的问题。

2. 知晓"他山之石",用于"为错""攻玉"

古人云:"他山之石,可以为错""他山之石,可以攻玉"。意思是别的山上的石头,非常坚硬,可以作为错石(一种用来磨玉的石头),用来打磨希望得到的玉器。现多用引申义:学习借鉴他人或其他领域及方法的长处,为己所用。正如生物学的发展离不开其他学科技术的革新与进步,在面对复杂情境中的问题时,不可避免地要运用多学科的技术与工具,借鉴其他领域或其他学科的优秀的方法论、工具等,创造性地应用到要解决的问题中,只要适用、好用,就能为我所用。用开放性的思维方式去分析问题、解决问题,不拘泥于本专业、本领域的范畴,这种跨学科创造性地解决问题的方式体现了多学科的交叉与融合。学生对事物从不同方面、不同层次进行理解,可事半功倍且具有迁移应用的效果。例如:在讲解光合作用的光反应过程时,叶绿素a吸收光能并释放出高能电子,此时的叶绿素a成为氧化态的叶绿素a,具有强氧化性,去抢夺水中氧的电子,将其氧化为氧气释放出去,这里就用到了化学中的氧化还原反应这一知识点;当类囊体腔中积累的H^+通过类囊体膜上的ATP合酶时,其中蕴含的电势能转化成了ATP里活跃的化学能,这里又涉及物理学中能量的转化与守恒的概念……倘若学生不能运用这两门学科中的知识对这些过程进行解释,概念的理解就会变得困难。

四、策略四:启动评价对项目开展的推动作用

1. 项目启动前师生共同商议评价

项目化学习的评价同时强调对结果和过程的评价;评价标准不是教师一个人说了算,最好和学生商量。评价标准在项目正式启动前就要确定,并形成相应的量规,以使学生在项目开展过程中更有方向感,也对自己要完成的项目任务有更为清晰的目标。

2. 需要注意项目行进中师生的角色特征

项目化学习中的评价可以由教师、(模拟)用户、专家、社区等多种评价群体营造出真实评价的氛围。多种评价群体的参与有一个共同的目的,即让学生对

自己的学习负责,成为有能力、有责任、有反思精神的学习者和研究者。在这个目标定位下,项目化学习中的师生角色与传统教学中的师生角色有很大的差异。

学生参与评价并不只是增加一个评价者,而是让学生成为学习和评价的主体。参与评价不是到最后打分环节才参与,而是从开始就参与讨论什么是好的成果;参与评价不是只得出一个评分结果,而重在过程中的交流反思。

教师可以为学生提供各类作业或作品的范例,支持学生参与评价过程,给学生示范如何对他人的作品进行有效反馈。

五、策略五:利用反思复盘对项目化学习进行改进

用一个不恰当的比喻来说,反思就好像是骆驼反刍——把当初硬吞下的食物再重新咀嚼以吸取营养。反思在框架图中贯穿始终,每个环节都需要进行必要的反思。项目行进至尾声,反思也应日益成熟,通过反思把发生过的一连串困扰自己的问题捋清楚——为什么实施过程和计划差距甚远?为什么学生不感兴趣?为什么学生的关注点和预期的不一样?为什么同样的项目换了批学生差异这么大?……通过复盘把最关键的问题点找到,找出改正方法,再运用到新的项目中,然后不断修正以达到最佳状态。

六、策略六:强化数字化技术对项目化学习的助推作用

教育的数字化转型实践在各个学校如火如荼地开展,教师应抓住这一契机,利用数字化技术和设备为教学服务,为学生引路。如何利用好数字化资源的可视化、可量化、可程序化等优势,使学生具备适应未来社会的数字化素养,是需要教师在课程设计与实施过程中重点关注的方向。例如:在对酵母种群数量进行测量时,传统的血细胞计数法虽然直观,但耗时费力,需要学生在显微镜下数出每个方格中的具体数量,经过教师的引导和启发,学生能联想到通过测透光率间接获取浓度的分光光度法,从而采用更为便捷的色度传感器这一数字化工具,只需将样品注入待测的比色杯中,就可通过测量和程序运行获得具体的数值,方便快捷,增强了学生获取和处理信息的能力。数字化技术在项目化学习中的应用可以为学生适应未来社会的发展和竞争打下坚实的基础。

第七章

高中生物学跨学科项目化学习研究结果、反思与建议

第一节　研究结果

一、问卷调查显露上海市高中生物学项目化学习实施中的问题

上海市教育委员会制定的《上海市义务教育项目化学习三年行动计划(2020—2022 年)》虽然面向的是义务教育学段,但对高中学段同样有指导作用,可视为推广项目化学习的风向标。

在调研分析中发现,对于跨学科的项目化学习,上海高中生物学教师存在理念先行但实践滞后的现象,教师们普遍认可项目化学习落实学科核心素养的育人价值,但由于相关培训总量不足且分配不均、制度保障不到位、学校的保障激励措施有待规范等原因,生物学教师的项目化学习开展意愿和项目化学习方案设计能力有待提升。

二、设计并实施课内外项目化学习实践案例

跨学科视阈下高中生物学项目化学习科学体验课程的开展,实现了课堂向课外的延伸,是对传统高中生物学课堂培养学生能力方式的有力补充。本次研究前后开展了 3 个课外案例和 10 个课内案例(本书收录其中 9 个),注重与其他学科的融合与交叉。其中,以苔藓为探究对象的跨越 3 类课程的课外实践活动的开展,利于学生对科学探究的深入理解和学习观念的转变,使学生从被动地接受知识转为主动地探究,提升了技能,自身的科学素养也得到提升和锻炼。该课程崇尚探究式的学习方式,课程形式是"以课题项目、动手实践性强的活动为载体,以解决一个具有一定挑战性的问题为目标,课程学科基础主要是生物学、数学和化学知识",并针对不同的受众群体开发不同的项目化学习的环节,兼顾学生的共性和个性发展。而课内的案例均使用了数字化的技术和工具,对项目化学习的开展起到了很好的辅助作用,学生在动手实践操作的同时,思维能力也得到培养和提升。

三、提出高中生物学项目化学习方案的设计策略与行动框架

针对在研究各个环节中发现的推进项目化学习的阻碍,本研究从强调生物学项目化学习的重要价值、教师思维模式的转变、联手多学科开展"1+1>2"的创新实践,以及重视反思等四方面提出策略。其中,教师的观念和行为的转变最为重要,包含引导学生提出有"黏性"的"驱动性问题",鼓励学生"异想天开"解决问题、促进学生的思维从扁平的"点"走向立体的"网",学会倾听学生的想法和意见,从思想观念上真正以学生为中心。在推进项目化学习过程中,不单是学生需要适应去掌握学习主动性、管理项目进程,教师也需要在教研培训、学校鼓励和自身要求的驱动下,激发学习项目化学习的理论内涵的动力,提升对高中生物学项目化学习方案的设计能力。

四、制定量表进行多元评价

评价是跨学科视角下高中生物学项目化学习设计与实践过程中不可或缺的重要环节,是教师了解教学过程、调控教和学的行为、提高教学质量的重要手段。在3个课外案例和10个课内案例(本书收录其中9个)中,分别从不同维度采取自评和互评、小组评和教师评相互结合的方式对学生的过程和结果表现进行了评价,使教师及时作出科学的分析和反馈,激发学生学习的积极性和主动性,促进学生生物学学科核心素养的养成。

第二节　反思小结

在以"素养""能力"为导向的背景下,项目化学习是落实核心素养和培养学生21世纪技能的一个有效途径。因此,项目化学习在生物学教学中开展的常规化与标准化将是未来项目化学习研究的重点。同时,在人工智能时代,项目化学习与数智技术的结合将会为学生能力的全面发展提供更广阔的空间和平台。我们完全有理由相信,项目化学习将会发挥出最大的优势,来推动新一轮课程改革的深化,促进教育更好地发展。

一、并非所有内容都适合开展项目化学习

因为学科本身存在知识结构与性质的差异,学生在不同学科领域的项目化学习上的学习质量是不一样的。教师在进行教学时应该灵活选用多种教学模式。一些不适宜开展项目化学习的内容,如用班氏试剂检测还原性糖、用双缩脲试剂检测蛋白质、用苏丹Ⅳ染液检测脂肪等一系列验证性的实验,对于学生而言是全新且需要识记的,学生只需要知道并记住即可,没有必要设计成项目化学习的案例。切忌生搬硬套,如果为了项目化而设计项目,形式大于内容,就失去了课程本身的实施意义。

二、项目化学习的评价方式需要更加多元

本研究主要采用量表对阶段性、整体性的成果做了评价,虽然兼顾了过程和结果,但受限于量表的单一性,还是难以全面反映学生的综合能力。要改进这一问题,可以从以下方面入手:(1)引入多元评价主体,鼓励学生自评、同伴互评,并邀请家长或专家参与,提供多角度反馈;(2)丰富评价维度,不仅关注知识和技能,还要评估学生的创新能力、合作能力、情感态度以及实践能力;(3)借助数字化技术的可视化、可量化、可程序化的功能特点,对学生的表现进行数字化分析,打破传统书面报告的局限;(4)制订清晰的评价标准,与学生共同参与设计量规,确保评价透明、客观,并关注学生的个体差异,设定个性化目标和分层次评价标准。在评价过程中,注重及时、具体的反馈,以帮助学生反思和改进,同时融入跨学科评价,评估学生在复杂情境中的综合应用能力;(5)借助技术手段,利用人工智能系统辅助分析学生的学习行为,提供可视化、个性化的评价结果。

今后可以尝试这些改进措施,让项目化学习的评价更全面、科学地反映学生的学习成果,促进学生的深度学习和全面发展。

三、案例未能充分体现与相关技术的同频发展

虽然联合其他学科的教师共同商讨,但囿于自身专业的局限性,且课题是基于生物学学科的项目化学习,未能与当前新兴的 5G、AR、VR 等很好地进行融合。在接下去的调整中会继续关注相关技术在课堂内外教学中的穿插与应

用,满足各类学生的需求,做到与时俱进。

第三节　建言献策

在分析问卷结果及研究实施案例基础上,针对理念先行而实践滞后、教师项目设计能力欠缺、培训资源不足且分配不均以及制度保障不足等问题,提出相应对策与建议,以期提升高中生物学教师项目化学习方案设计能力,提高项目化学习质量,形成互相促进、逐级上升的良性循环(图 7 - 1)。

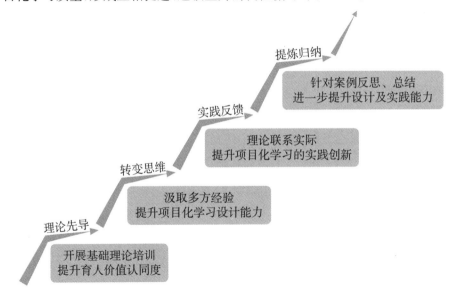

图 7 - 1　推进高中生物学项目化学习的逐级上升图

一、重视高中生物学项目化学习的重要价值

项目化学习的本质追求融合了我国教育学界近年来出现过的多种教学改革探索,例如强调真实性任务的基于问题的学习、情境化教学;强调项目宽度的跨学科学习、STEM;强调主题深度的深度学习、大概念教学;等等。

在理论研究层面,项目化学习的各个环节体现了核心素养导向下的育人价值,在做中学、在发现中探索、在体验中建构。在实践层面,上海市高中生物学教师基本认同项目化学习对于培育学科核心素养和 21 世纪学习技能的价值,但认可度从市实验性示范性高中、区实验性示范性高中到普通高中递减。因此,开展基础理论培训,重视在生物学学科中开展项目化学习的育人价值,从根源上提高育人价值认同度,促使教师以理念指导实践,是推进项目化学习的有效对策之一。

二、学会用"网式思维"思考、用"学生视角"审视

项目化学习改变的是学与教的方式,事实上它触及对学科知识本质的理解,对教师和学生都有挑战性。项目化学习应从小的驱动性问题开始,逐步将"知道什么"和"能做什么"联系起来,用"能做什么"驱动学生主动学习、学会思考。在项目任务的驱动下,真实做事、真实学习,在成果制作与分享中反思评价,始于思、成于做、终于学。

"网式思维"是一种系统化、非线性的思维方式。它要求学生在面对问题时,不再局限于单一的因果关系或线性逻辑,而是将问题看作一个由多个节点(如知识点、资源、技能、相关方等)构成的复杂网络。例如,在设计一个环保项目时,学生不仅要考虑技术方案,还要思考经济成本、社会影响、政策支持等多方面因素,并找到它们之间的联系。通过这种思维方式,学生能够更全面地分析问题,发现潜在的创新点,并在实践中灵活调整策略。网式思维还强调跨学科整合,鼓励学生将不同领域的知识融会贯通,从而提升解决复杂问题的能力。"学生视角"强调以学生的认知水平、兴趣点和学习需求为中心。在项目化学习中,教师需要时刻反思:这个任务对学生来说是否有意义?学生是否真正理解了核心概念?学生能否将所学应用到实际中?通过这种视角,达到对学生的"同理"与"共情",帮助学生更好地评估学习进度,发现知识盲区,并主动调整学习策略。同时,教师在设计项目时也需要从学生视角出发,确保任务难度适中、贴近学生生活,并能激发他们的好奇心和探索欲。例如,在历史学科项目中,可以通过角色扮演或模拟历史事件的方式,让学生更直观地理解历史背景,从而增强学习的代入感和参与感。

在项目化学习中,网式思维帮助学生从宏观角度构建知识网络,找到问题的多维解决方案;而学生视角则确保学习过程符合学生的认知规律,避免脱离实际。这种结合不仅能够帮助教师在设计和实施项目时,留意到学生的综合能力的提升,还有助于培养学生的自主学习意识和创新精神。

三、提出有"黏性"的"驱动性问题"

跨学科的项目化学习指向学生的问题解决能力,如果问题的难度超出了学生现有的水平,要将其转化为与学生相关联的驱动性问题,增加问题与学生的"黏性",让学生更易接受。教师要教会学生如何把困难的大问题拆解、分割成容易上手的小问题,降低问题的处理门槛。这会给学生一个正向的反馈,认为自己能做到,做得好。这种积极的心理暗示带来的是愉悦的情感体验,能引导学生进行具体的实施和思考,探索多样的解决方案,培养创造性思维,提升学习的自我效能感。

四、尊重"异想",因为可能会"天开"

青少年正处于思维活跃、智慧迸发的青春期,他们对一切新鲜事物的好奇都将成为推动研究的巨大动力。作为指导者,不可对青少年的某些"突发奇想"太过于敏感和较真,或因担心不能在实际中呈现而泼冷水,相反,真诚地说出鼓励的话语是最棒的回应。因为教师限于自身的认知,有时也无法判断学生的一些想法能否真正实现,这就需要多学科教师、专家、教授甚至科技公司共同讨论,通过讨论可能就会产生一个绝好的"金点子"。纵观人类历史的长河,许多科学家的奇思妙想在最初提出的时候也受时人嘲讽,但事实证明,正是这些伟大的发明或发现推动了社会的进步和科技的创新。

五、要让思维从扁平的"点"走向立体的"网"

知识不是孤立的,教师能否建立知识间的联系,直接决定项目化学习的质量。在实施学科项目化学习时,教师要善于从"网"的角度审视知识,而不能仅仅停留在知识的"点"上。

例如,《侠盗罗宾汉》是大仲马的代表作,有的教师在布置整本书阅读的作业时,往往是写一篇读后感;而有的教师就设计成这样一篇作文题目:2022年罗宾汉在上海。前一个问题聚焦书本身的细碎的知识点,回答这个问题只要通过阅读、归纳,穿插些个人的感想就可以了。后一个问题具有批判性、假设性、开放性,回答这个问题需要涉及古代英国和现代中国在社会、政治、经济、文化等领域的比较,学生不仅需要大量阅读,提取、整理信息,还要进行批判性思考与讨论。在此过程中,学生要对不同来源的知识和信息的可靠性进行比较分析,他们的分析能力、阅读能力等均会得到提高。

六、不要"我觉得",要学会"你觉得"

如果教师总是以"我觉得"来评判学生的想法、思维、作品等,会给人一种居高临下的压迫感,这是一种赤裸裸的灌输式、家长式的教学方式,对于心智逐渐成熟的高中生是完全不适用的。教师应善于倾听,多让学生来表达、陈述,让他们说出自己的真实想法,因为只有经历这样的过程,思维才能流转起来,才能形成真正的"头脑风暴",在此过程中,他们能够深入地理解彼此,并在对方的反应中反思,客观地审视自己。这将有利于形成牢固的学习共同体,促进彼此的协作与发展,使整个项目向着良性的方向稳步提升。

七、跨学科强强联手开展"1+1>2"的创新实践

科学无边界,各个学科在人类的进步和繁衍中相互交织在一起,共同起到了促进作用。实施学科项目化学习要注重多学科知识与素养的整合。教师要将关键概念放在不同的学科情境中,帮助学生准确地理解它们。

学科情境通常包括:①历史情境。将某个关键知识放到知识所产生的历史河流中,复演这个知识之所以产生的特定情境。②现实情境。将某个关键知识放到这个知识可以发挥作用的现实情境中,发现这个知识是如何独立或者与其他知识交织作用而解决真实问题的。③艺术情境。将某个关键知识放到应用这个知识可以产生艺术美感的作品或艺术场景中,制作可以体现这一知识的艺术品。④工程情境。将某个关键知识放到运用这个知识可以综合解决技术工程问题的情境中,促使学生动手制作。

通过多学科的情境设计,学生能学会灵活运用多学科知识甚至课堂内外的技能来解决项目实际遇到的问题,获得创新能力的提高。教师也能在跨学科设计过程中开拓自己的知识面,与不同学科教师沟通合作,提升教学创新能力,成为学生跨学科项目学习的有力支持者。

八、适时反思,营造可持续发展的健康态势

古话说:既要低头赶路,又要抬头看路。在项目化学习的实施过程中,经常

发现学生有时沉湎于动手的乐趣，而忽视了既定的目标。在"小小身材　大大作为——探究苔藓世界的项目化学习系列科学体验活动"这个案例中，有一个小组的学生想在室内培植大量的苔藓作为景观植物，想法很好，实验也很用心，从配置土壤基质到设置光照强度，从定时定量喷洒水汽到控制房间温度，亲力亲为，连续做了几个月，但每次苔藓都不明所以地干枯、死亡。如果不断改变参数，继续做下去，也是有成功的希望的，但此时真的应该好好歇一歇，抬头看看路，审视一下是不是有些地方从一开始的设计就是有问题的。低头走路，是解决当前的问题，避免被石头绊倒；抬头看路，是校正前进的方向，以免走错道路。查阅文献、咨询专家等都是"抬头看路"的正确打开方式，解决困难的手段不是一味地机械重复，及时止损、换个思路有时会产生"四两拨千斤"的奇效。果然，这个小组的学生静下心来，通过反思找到了症结所在，使后续的工作逐渐步入了正轨。

除此之外，营造对开展项目化学习友好的教学氛围同样重要。宽裕的课时、丰富的资源、得力的后勤支持，以及师生踊跃参与的热情、学校提供的奖励和荣誉等制度保障也是有效激发学习动机、推进项目化学习的客观条件。

附　　录

上海市高中教师开展项目化学习的现状调查问卷

尊敬的老师,您好! 这是一份有关项目化学习的调查问卷,目的是进一步了解本市高中生物学学科开展项目化学习的现状。本问卷匿名填写,用时5～10分钟。请根据题目要求选择符合您真实情况的答案,衷心感谢您的配合!

【一、教师个人信息】

1. 您的教龄有[单选题]

○ 0～3 年

○ 4～8 年

○ 9～20 年

○ 21～30 年

○ 大于 30 年

2. 您所在的高中属于[单选题]

○ 普通高中

○ 市特色高中

○ 市实验性示范性高中

○ 区实验性示范性高中

○ 其他_____

【二、对项目化学习的基本认知】

3. 您是否了解项目化学习(Project-based Learning)[单选题]

○ 非常了解且能清楚地解释

○ 有所了解,能给出笼统的解释

○ 听说过,但不清楚具体内容

○ 完全不知道

4. 提到项目化学习,您最先联想到的关键词[多选题]

□ 跨学科学习

□ 真实情境

□ 驱动性问题

□ 高阶思维

□ 项目成果展示

□ 全程评价

【三、项目化学习的实践情况】

5. 您参加过_____小时的项目化学习培训。经过相关培训并认真学习后,您设计过_____个项目化学习教学设计,开展过_____次实践;若有,请举个例子:_____(案例名称)。[填空题]

【四、项目化学习的开展意愿】

6. 您是否有意愿开展项目化学习[单选题]

○ 意愿较高(请跳至第 7~9 题)

○ 意愿较低(请跳至第 10~12 题)

○ 无所谓(请跳至第 13~14 题)

7. 您愿意开展项目化学习的主要原因是(1~5 分的赋值代表了您多大程度上同意该表述:1—不太同意,2—基本同意,3—同意,4—比较同意,5—非常同意,下同)[矩阵单选题]

	1	2	3	4	5
A. 有效落实生物学学科核心素养	○	○	○	○	○
B. 革新教学模式、注重学生主体	○	○	○	○	○
C. 学习成果多样且属于非书面作业,是落实"双减"和"五项管理"政策的路径之一	○	○	○	○	○
D. 相关培训激发了开展项目化学习的动机	○	○	○	○	○
E. 学校支持并鼓励开展项目化学习	○	○	○	○	○
F. 开展项目化学习实践且取得一定的成绩,对绩效分配和职称评定有帮助	○	○	○	○	○
G. 培训可计入相应学分和学时	○	○	○	○	○

8. 您愿意开展项目化学习的其他原因 [填空题]

_____

9. 您偏向于以以下哪种形式为载体开展项目化学习 [多选题]

☐ 综合实践活动

☐ 学科教学

☐ 跨学科教学

10. 如果您目前很少开展或者暂时没有开展过项目化学习,主要原因是 [矩阵单选题]

	1	2	3	4	5
A. 占用学科教学的课时	○	○	○	○	○
B. 对提升学生学业表现的意义不大	○	○	○	○	○
C. 开展难度大,对学生能力要求高	○	○	○	○	○
D. 增加学生课业负担	○	○	○	○	○
E. 从未参加过相关培训	○	○	○	○	○
F. 缺乏可供参考的实践案例、评价工具,对教学能力的要求高	○	○	○	○	○
G. 学校没有提出明确要求,不计入绩效或常规培训	○	○	○	○	○

11. 您较少开展项目化学习的其他原因［填空题］

_____

12. 如果解决了以上问题,您是否十分乐意开展项目化学习［单选题］

○ 是

○ 否

13. 如果您并不排斥开展项目化学习,那么请问什么情况下您的意愿会升高［矩阵单选题］

	1	2	3	4	5
A. 若项目化学习落实核心素养能得到进一步论证	○	○	○	○	○
B. 若教学课时宽裕	○	○	○	○	○
C. 若学生综合能力更高一些	○	○	○	○	○
D. 若能通过培训进一步了解相关理论知识	○	○	○	○	○
E. 若教学压力减轻,能有更多时间钻研项目化学习	○	○	○	○	○
F. 若有可借鉴并应用的优秀项目化学习案例、评价工具	○	○	○	○	○
G. 若学校有明确要求	○	○	○	○	○

14. 是否存在其他能提高您开展项目化学习意愿的原因［填空题］

_____

【五、项目化学习之于师生的价值】

15. 相较于传统的教学方法,您认为采用项目化学习的教学模式,教师哪些方面会得到提升［输入 0 到 5 的整数数字(0 为完全没有提升,5 为有显著提升,请选择合适的数值)］

	分值(0~5 分)
教学理念从"育分"到"育人"的转变	
"做中学"的教学能力	
跨学科间的组织协调、合作、沟通能力	
终身学习的意识和能力	

16. 相较于传统的教学方法,您认为通过项目化学习的开展,学生哪些方面会得到提升[输入 0 到 5 的整数数字(0 为完全没有提升,5 为有显著提升,请选择合适的数值)]

	分值(0~5分)
学业成绩	
生物学学科核心素养	
学习兴趣与学习动机	
整合知识,创造性解决问题的能力	
沟通与合作的能力	
跨学科学习的能力	
运用信息技术、学科工具的能力	
收集、处理、呈现信息的能力	
独立分析并质疑的批判性思维	

17. 您认为将项目化学习引进生物学课堂的优势是[排序题]

[   ] 作为跨学科案例分析的教学模式

[   ] 在真实情境中学习对生活有用的生物学知识

[   ] 优质的驱动性问题提高学生对生物学学科的兴趣

[   ] 在解决生物学问题并形成项目成果的过程中培养核心素养

[   ] 学生自主参与建构知识的同时加深对生物学学科核心概念的理解

[   ] 其他:＿＿＿＿＿＿＿＿＿＿＿＿＿＿＿＿＿＿＿

【六、项目化学习的专业支持】

18. 为了增强您个人指导学生开展项目化学习的能力,您认为亟须得到哪些方面的支持和帮助(顺序前后代表重要程度,越靠前越重要)[排序题]

[   ] 学校在课时、人员、经费等方面的支持

[   ] 具有可操作性的、多样化的评价工具

[   ] 教师培训和教研活动

[   ] 生物学学科项目化学习教学参考用书

[   ] 市、区级的专家团队的持续指导

[　　] 市、区级的项目化学习教学比赛

[　　] 学校层面的项目化学习实施方案（项目化学习的校本课程、跨学科课程等的课时安排）

[　　] 科普文化场馆、企业、高等院校、科研院所等社会资源的支持

[　　] 其他：＿＿＿＿＿＿＿＿＿＿＿＿＿＿＿＿＿＿＿＿

19. 若有机会参加项目化学习的相关培训，您最希望学习下列哪些方面的内容（顺序前后代表重要程度，越靠前越重要）［排序题］

[　　] 项目化学习的理论知识

[　　] 生物学学科的项目化学习设计思路和方法指导

[　　] 项目化学习的教学参考资源库、成果展示会、交流论坛等学习平台

[　　] 其他：＿＿＿＿＿＿＿＿＿＿＿＿＿＿＿＿＿＿＿＿

20. 若有机会参加项目化学习的相关培训，您最希望的培训过程和培训方法是（顺序前后代表重要程度，越靠前越重要）［排序题］

[　　] 专家讲座

[　　] 以资深教师为中心的工作坊，参与教学设计，并在组内公开讨论，再完善

[　　] 参加项目化学习市、区级公开课，并参与教学研讨

[　　] 定期到项目化学习特色校开展教研活动，进行从教学设计到教学实施的浸润式学习

[　　] 参观可支持开展项目化学习的科普场馆，利用社会资源进行教学设计

[　　] 其他：＿＿＿＿＿＿＿＿＿＿＿＿＿＿＿＿＿＿＿＿

21. 为了更好地落实项目化学习，针对所在学校开展项目化学习存在的问题，您有什么改进的建议吗？［填空题］＿＿＿＿＿＿＿＿＿＿＿＿＿＿＿

问卷已结束，感谢您的配合，祝您生活愉快！

图书在版编目（CIP）数据

跨学科视角下高中生物学项目化学习设计与实践 /
詹琪芳著. -- 上海 ：上海教育出版社，2025．5.
（黄浦区教师专业发展与学术成长书系）. -- ISBN 978-7-
5720-3539-5

Ⅰ．G633.912

中国国家版本馆CIP数据核字第20251SW800号

责任编辑　隋淑光

封面设计　王　捷

Kuaxueke Shijiao Xia Gaozhong Shengwuxue Xiangmuhua Xuexi Sheji Yu Shijian

跨学科视角下高中生物学项目化学习设计与实践
詹琪芳　著

出版发行　上海教育出版社有限公司
官　　网　www.seph.com.cn
地　　址　上海市闵行区号景路159弄C座
邮　　编　201101
印　　刷　上海颛辉印刷厂有限公司
开　　本　700×1000　1/16　印张 14
字　　数　228 千字
版　　次　2025年5月第1版
印　　次　2025年5月第1次印刷
书　　号　ISBN 978-7-5720-3539-5/G·3163
定　　价　68.00 元

如发现质量问题，读者可向本社调换　电话：021-64373213